Susann Riesch

Vigo, der Fischotter

Eine ungewöhnliche Freundschaft

ENSSLIN & LAIBLIN VERLAG REUTLINGEN

Umschlaggestaltung: Ulrike Heyne

 Satz: ensslin-typodienst. Reproduktion: Gröning Reproduktion GmbH, Ditzingen. Gesamtherstellung: May & Co., Darmstadt. Printed in Germany. ISBN 3-7709-0724-8

Strawberry House

Ohne besondere Eile trotteten Max und Vigo die Dorfstraße von Little Appington entlang. Max hielt in der einen Hand ein Erdbeereis, an dem er ab und zu genüßlich lutschte. Unter dem anderen Arm trug er einen Stapel kleiner Bretter, die Mr. Wilcox ihm geschenkt hatte. Mr. Wilcox war der einzige Tischler in Little Appington, und er war sehr nett. Er hatte immer irgendwelche Holzreste, die Max gut gebrauchen konnte.
Ja, und Vigo? Der trug außer einem roten Halstuch nichts. Leine und Geschirr natürlich, aber das auch nur, weil sie an der Straße gingen. Max hatte sich die Schlaufe der Leine über sein Handgelenk gezogen.
Ein Auto bog um die Ecke. Es überholte die beiden und fuhr weiter in Richtung Appington Cove, die gleiche Richtung, in die auch Max und Vigo gingen. Max hatte das Auto noch nie gesehen. Bestimmt sind das die Fremden, die Strawberry House gekauft haben, dachte er bei sich. Die sollten nämlich heute ankommen.
Ganz kurz war ein Mädchen zu sehen gewesen, das sich an der hinteren Scheibe die Nase platt gedrückt hatte. Gleich darauf war der Kopf jedoch erschreckt verschwunden. Max konnte sich denken, warum. Das Mädchen hatte bestimmt gemeint, Vigo wäre eine riesengroße Ratte. Das dachten viele, die noch nie einen Fischotter gesehen hatten.
Max beschloß, nur schnell die Bretter zu Hause abzuladen und gleich nach Strawberry House weiterzugehen. Vielleicht brauchten die Fremden seine Hilfe.

Er war gerade dort angekommen, als ihr Auto in die Einfahrt einbog. Natürlich waren sie zu weit gefahren. Sie waren nicht die ersten, denen das passierte. Die Einfahrt war kaum zu sehen, denn sie knickte sehr schräg ab in einen Dschungel dichtbelaubter, grüner Büsche, die so hoch wie Bäume waren.
Max versteckte sich. Sie brauchten ihn ja nicht gleich zu sehen. Das Auto hielt, und heraus stiegen ein Mann, eine Frau, das Mädchen, das Max schon gesehen hatte, und einen etwa zwölfjährigen Jungen – so alt wie Max. Das Mädchen war wohl etwas jünger.
»Na, ist es nicht wundervoll, traumhaft und idyllisch?« Es war der Mann, der das gesagt hatte, und seine Stimme klang ein bißchen künstlich. Der Junge murrte.
»Ich will zurück nach London«, quengelte das Mädchen und stieß mit dem Fuß mißmutig gegen einen Stein. Strawberry House gefiel ihr nicht die Bohne.
»Unsinn, Caroline, du bist nur total übermüdet. – Laura, was sagst du dazu?«
»Ach Morton!« Die Frau seufzte so, daß selbst Max es ohne Mühe hören konnte. »Es ist ein uraltes Haus mit blinden Fensterscheiben. Man sieht bereits auf den ersten Blick, daß es mehr als einen Anstrich nötig hat.«
Max mußte zugeben, daß das stimmte. Die Farbe blätterte in rosa Fetzen von den Außenwänden ab, und das Dach – ein paar Löcher hatte es bestimmt.
»Laßt uns erst einmal hineingehen. Von drinnen ist es sicher eindrucksvoller«, schlug Morton ungebrochen optimistisch vor.
»Eindrucksvoll altmodisch und eindrucksvoll verkommen«, konterte die Frau, und das war das letzte, was Max von seinem Versteck aus verstehen konnte. Also kam er heraus – gerade in dem Augenblick, als der Mann wieder aus dem Haus kam.
»Ein paar Pinselstriche hier und da«, brüllte er hinein, »und du wirst sehen, Laura, es ist das schönste Sommer-

haus! – Hallo, wer bist du denn?« fragte er erstaunt, als er Max erblickte. Max stellte sich vor.
»Angenehm. Ich heiße Morton Sandifer. Ich – wir sind die neuen Eigentümer von Strawberry House.« Während er das sagte, öffnete er den Kofferraum seines Wagens und zerrte zwei riesige Taschen heraus.
»Weiß ich längst«, erklärte Max gelassen.
»So?« Der Mann hielt einen Moment inne, als wollte er die Taschen in den Kofferraum zurückfallen lassen.
»Soll ich Ihnen tragen helfen?« bot Max an.
»Nein danke, das kann ich schon allein«, antwortete der neue Besitzer von Strawberry House irritiert.
Die Frau kam aus dem Haus. »Es braucht nicht ein paar Pinselstriche, sondern einen ganzen Sommer, um dieses Haus instand zu setzen«, sagte sie, und es klang sehr geplagt. »Du solltest auf der Stelle versuchen, es wieder zu verkaufen. Vielleicht können wir hier irgendwo für diese Ferien etwas anderes finden, in dem man wohnen kann.« Sie betonte das Wort »wohnen« so, daß es wie eine Drohung klang.
»Das ist Max«, stellte Mr. Sandifer vor, als hätte er kein Wort von dem verstanden, was seine Frau gesagt hatte.
»Tag, Max.« Sie streckte ihm die Hand entgegen. »Kann es sein, daß wir dich vorhin gesehen haben?«
»Ja«, sagte Max.
Weiter kam er nicht, denn das Mädchen, das Caroline hieß, stürzte aus der Tür und verkündete: »In diesem Haus wohne ich keine zehn Minuten! Hier spukt's!« Als sie Max sah, blieb sie wie angewurzelt stehen. »Hast du etwa diese Ratte bei dir?«
Max schüttelte den Kopf.
»Vigo ist ein Otter«, erklärte er gelassen. »Und er ist zu Hause. Leute, die ihn nicht mögen, mag er nämlich auch nicht.«
Caroline holte tief Luft, als wolle sie etwas sagen, aber Max kam ihr zuvor: »Was meinst du mit: Es spukt?«

»Na, es spukt eben«, erklärte Caroline ungehalten. »Zuerst hört man: klong, klong, klong, ganz dumpf und schauerlich, und dann so ein Schlüüürfen.« Sie riß die Augen auf. »Schrecklich!«
»Das sind die Wasserleitungen«, erklärte Max fachmännisch. »Ihr habt einen Hahn aufgedreht, aber die Pumpe ist nicht an. Sie muß erst eingeschaltet werden. Wenn ihr wollt, kann ich euch zeigen, wie.«
Caroline schaute Max böse an. Wie konnte er ihren schönen Spuk so unmysteriös erklären!
»Danke, Max. Um die Pumpe kümmern wir uns später selbst. Das dürfte ja nicht allzu schwierig sein.«
Mr. Sandifer schleppte die beiden Taschen ins Haus, ohne sich weiter um seine Familie oder Max zu kümmern. Es vergingen keine zwei Minuten, da hörten sie ein Poltern und gleich darauf ein dumpfes Fluchen. Alle rannten hinein, auch Max.
Mr. Sandifer lag samt seinen Taschen auf der Treppe. Es sah eigenartig aus, so, als wollte er auf allen vieren die zweite Etage erklimmen. Er war gestolpert und lang hingefallen. Eine der Taschen hatte dabei zwei Stangen aus dem nicht mehr ganz neuen Treppengeländer herausgeschlagen.
»Was guckt ihr mich so an?« fragte er ungehalten und rappelte sich auf. »Ich bin gestolpert, weiter nichts! Es kommt mir fast so vor, als sei die eine Stufe der Treppe höher als die anderen.«
Laura Sandifer unterdrückte ein Lächeln. Max aber sagte: »Stimmt, die eine ist höher.«
Caroline stemmte ihre Arme in die Seiten. »Woher willst du das wissen?«
»Ich weiß es eben«, antwortete Max.
Mrs. Sandifer seufzte. »Ich koche uns erst einmal Kaffee. – Ach, die Pumpe ist ja noch nicht eingeschaltet«, fiel ihr ein.
»Ich kann . . .«

»Nein, nein, Max, laß nur. Wir haben noch eine große Thermosflasche voll Kaffee im Auto.«
Als Mrs. Sandifer zurückkam, waren Max, Caroline und auch Andy, ihr Sohn, nicht mehr da. Die Wohnzimmertür zum Garten stand weit offen. Ihr Mann hatte zwei Stühle und einen Tisch, dessen Standfestigkeit er eben überprüfte, an einen hellen und sonnigen Platz gestellt. Sie setzten sich, und Laura schenkte Kaffee in zwei Tassen.
»Bist du sehr enttäuscht?« fragte Morton, nachdem beide eine Weile schweigend dagesessen hatten.
Laura legte ihre Hand auf seinen Arm. »Nicht mehr ganz so, wie im ersten Augenblick. Die Gegend ist wunderschön. Es ist friedlich hier. Horch mal, man hört nichts als das Singen der Vögel.«
In dem Augenblick polterte Caroline auf die von Unkraut überwucherte, hintere Veranda. Ihre Wangen glühten. »Mami! Popsi! Der Garten ist voller Erdbeeren! Sie sind riesendick und sauber wie gewaschen!« Vor sich hielt sie ein Huflattichblatt, auf dem eine kleine Auswahl lag. »Die sind für euch. Wir können schon nicht mehr, so viele haben wir gegessen.«
Jetzt kamen auch Max und Andy, ebenfalls mit Erdbeeren. »Max sagt, daß es nicht weit von hier einen Laden gibt«, erklärte Andy. »Da könnten wir Sahne kaufen. Wenn wir rennen, wären wir bald wieder da.«
»Und die Sahne wäre gleich geschlagen«, sagte seine Mutter und lächelte ihn an. »Nein, laßt nur. Heute essen wir die Erdbeeren ohne Sahne. Sie sehen wirklich köstlich aus.« Morton hatte bereits eine in den Mund gesteckt. »Und nicht nur das, sie schmecken auch«, versicherte er.
Caroline sah ihre Mutter an. »Meinst du, wir könnten Strawberry House nicht doch erst mal behalten? Der Garten ist so schön – und an das bißchen Spuk gewöhnt man sich vielleicht.«

Laura war überrascht. »Du hast deine Meinung aber schnell geändert.«
»So übel ist es hier wirklich nicht«, sprang Andy seiner Schwester bei.
»Na, vielen Dank!« knurrte Morton trocken.
»Und wenn man von hier aus eine halbe Stunde geht, ist man am Meer. Wußtet ihr das?« fragte Caroline.
»Ich hatte eine ungefähre Ahnung«, antwortete ihr Vater. Es klang ein wenig spöttisch. »Weißt du, es gibt nämlich diese faltbaren Dinger aus Papier, Landkarten nennt man sie.«
Andy grinste. Sein Vater verfuhr sich gerade dann am gründlichsten, wenn er vorher eine Landkarte zu Rate gezogen hatte. »Also, was ist?« fragte er. »Behalten wir Strawberry House?«
Laura Sandifer sah zuerst Andy und dann ihren Mann an. »So, wie es aussieht, können wir es gar nicht verkaufen. Es müßte gestrichen und hergerichtet werden. Wenn wir uns alle gemeinsam damit beschäftigen, dauert das mindestens . . .«
» . . . die ganzen Ferien?« fragte Caroline, und es klang fast wie ein Jubelschrei.
»Mindestens!« bekräftigte Laura, stand auf und küßte ihren Mann. Caroline kam es vor, als würde er gestempelt, damit die Sache mit dem Haus besiegelt sei.
»Ich fahre ins Dorf und rufe deine Mutter an«, sagte Laura. »Vielleicht hat sie Lust, die Ferien mit uns zu verbringen. Wir könnten ihre Hilfe gut gebrauchen.«
Als Laura Sandifer zurückkam, brachte sie einen großen Karton voller Lebensmittel mit. Morton hatte sich inzwischen so mit Erdbeeren vollgegessen, daß er kaum in der Lage war, das restliche Gepäck aus dem Auto auszuräumen.
»Nani kommt«, informierte Laura ihre Kinder. »Vielleicht ist sie schon morgen mittag hier.« Nani war ein Spitzname, den die beiden Kinder ihrer Großmutter

gegeben hatten. Da sie sehr beliebt war, wurde die Nachricht von ihrer bevorstehenden Ankunft mit entsprechendem Jubel aufgenommen.
Als nächstes stand die Entscheidung an, wie man wohnen sollte, solange noch nichts renoviert war. Im oberen Geschoß gab es fünf Zimmer, zwei größere und drei kleinere, sowie ein sehr geräumiges Badezimmer, in dem eine altmodische Badewanne auf vier Füßen stand, die wie Pfoten aussahen.
Im Parterre befanden sich ein großes Wohnzimmer, das in ein ebenso großes Eßzimmer überging, ein Studierzimmer, das mit Ausnahme des Kaminplatzes vom Boden bis zur Decke mit Bücherregalen ausgestattet war und auch noch eine ganze Anzahl von Büchern beherbergte, sowie die Küche. Auch sie war geräumig und mit großen schwarzen und weißen Fliesen ausgelegt, die einem regelrecht ins Auge sprangen.
Strawberry House war nur teilweise möbliert, nicht vollständig, wie Morton angenommen hatte. In den Schlafzimmern gab es nur Betten, und das nicht einmal in allen. Wenn Nani da war, würde ihnen ein Bett fehlen. Andy erklärte sich bereit, im Schlafsack auf dem Fußboden zu schlafen. Das bedeutete für ihn kein Opfer. Im Schlafsack zu schlafen, war wesentlich spannender als im Bett.
Laura und Morton übernahmen eines der kleineren Zimmer, in dem ein altmodisches Doppelbett aus Messing stand. Später, wenn ihnen eine Lösung eingefallen war, wie sie das Bett durch die Tür bekommen konnten, wollten sie damit in eines der beiden größeren Zimmer ziehen. Dieses hier war so klein, daß die Tür gegen das Fußende des Bettes stieß, wenn man sie öffnete.
Caroline entschied sich für ein sehr schmales Zimmer mit einem schönen Ausblick auf die Erdbeerbeete.
»So, und jetzt könnten wir eigentlich Wasser gebrauchen«, meinte Laura Sandifer.

»Kein Problem.« Morton sah sich um. »Wo ist Max?«
»Weg«, antwortete Caroline.
»Na, dann wollen wir mal«, meinte ihr Vater munter. »So kompliziert kann die Sache mit der Pumpe ja nicht sein.« Als sie die Pumpe jedoch endlich in einem kleinen Raum versteckt hinter der Garage gefunden hatten, staunten sie nicht schlecht.

Vigo stellt sich vor

Was sie da vor sich hatten, sah kaum nach Pumpe aus. Es war ein abenteuerliches Gebilde aus Hebeln, Hähnen, Pleuelstangen und einem großen Rad, das ungeheuer viel Raum beanspruchte.
An der Tür des Pumpenhäuschens hing eine dreiseitige Bedienungsanleitung mit der Überschrift: Wie die Pumpe in Betrieb zu nehmen ist. Und auf dem Fußboden lag ein großer Schraubenschlüssel, so als hätte jemand noch vor kurzem an dem Monstrum etwas repariert.
»Herrje!« entfuhr es Laura, und ihrem Mann traten feine Schweißperlen auf die Stirn.
»Na, mich braucht ihr hier ja sicher nicht!« Damit verschwand Laura in Richtung Haus.
»Die kriegen wir bestimmt in Gang«, meinte Andy eher forsch als überzeugt, während Caroline fast ehrfurchtsvoll mit der Hand über eine Pleuelstange fuhr.
Morton, der wie angewachsen dagestanden hatte, gab sich einen Ruck. »Natürlich, das werden wir gleich haben.« Er nahm die Bedienungsanleitung vom Haken an der Tür und las erst murmelnd, dann laut vor: »Erstens, roten Haupthahn A aufdrehen.« Roten Haupthahn A – wo war der rote Hahn?
Morton blickte angestrengt auf die ziemlich genaue Abbildung der Pumpe, die der Bedienungsanleitung beigelegt war, fand aber nirgends einen Hinweis auf Hahn A.

Wahrscheinlich hatte der Zeichner es für selbstverständlich gehalten, daß man wußte, wo sich ein Haupthahn üblicherweise befand. Morton wußte es nicht.
»Kein einziger Hahn ist rot«, informierte Caroline ihren Vater. Sie hatte inzwischen mit Andy das Pumpkunstwerk eingehend untersucht.
»Aber hier ist einer, der anders aussieht als die anderen.« Der Hahn war viel größer und befand sich etwas abseits.
»Dreh ihn auf«, ordnete Morton an.
Andy streckte seine Hand aus. »Welche Richtung?«
»So, wie es geht«, antwortete sein Vater etwas ungehalten. »Wenn er zugedreht ist, muß die andere Richtung doch wohl auf sein.«
»Ja, aber vielleicht ist er gar nicht zugedreht«, meinte Caroline, und Morton sah zwei Augenpaare, die erwartungsvoll auf ihn gerichtet waren. Das stimmte, vielleicht war der Hahn nicht zugedreht.
»In welche Richtung dreht man einen Hahn denn auf?« fragte er nun seinerseits. Keiner wußte es.
»Ich renne in die Küche und probiere es aus«, bot sich Caroline an, und schon war sie weg.
»So herum!« sagte sie triumphierend, als sie wiederkam, und machte es vor.
Andy drehte Haupthahn A auf. »Und weiter?«
Erwartungsvoll sahen die Kinder ihren Vater an.
»Großen Arretierhebel ganz umlegen.« Der große Arretierhebel war überraschend schnell gefunden, und Caroline legte ihn ganz um.
Es folgten eine Reihe mehr oder weniger komplizierte Anweisungen und dann der Hinweis, daß das Gestänge MMM mit der Pleuelstange Z unbedingt Kontakt haben mußte. Wenn das nicht der Fall war, sollte man auf keinen Fall den schwarzen Einschalthebel E betätigen.
Der schwarze Einschalthebel E war deutlich auf der Abbildung markiert und leicht zu finden. Aber hatte das

Gestänge MMM mit der Pleuelstange Z Kontakt? Das war die Frage.

»Ich glaube, alles hat Kontakt«, meinte Andy zuversichtlich.

»Wenn man wüßte, was schlimmstenfalls passiert«, murmelte Caroline.

Zum Glück hatte es Morton nicht gehört.

»Also gut, wir haben ja auch keine andere Wahl«, meinte er, als gälte es, ein sinkendes Schiff im Stich zu lassen. Eigenhändig legte er den schwarzen Einschalthebel E um.

Augenblicklich begann ein fürchterliches Rattern, das alle zusammenfahren ließ. Ein Ächzen und Schnaufen und – die Pumpe stand wieder still.

Alle drei hatten während dieses wirklich erlebenswerten Spektakels den Atem angehalten.

»Aber sie hat funktioniert, Kinder«, stellte Morton nicht ohne Stolz fest.

Schnell waren sie sich einig, daß sie einfach den ganzen Einschaltvorgang wiederholen sollten.

»Roten Haupthahn A . . .« Morton nahm sich vor, ihn wirklich rot zu streichen. »Schwarzen Einschalthebel E . . . Alles passierte ganz genauso wie beim ersten Mal. Und ganz genauso wie vorher gab die Pumpe nach einigen atemberaubenden Pumpversuchen ihren komplizierten Geist auf.

Als sie ihren dritten Versuch beinahe beendet hatten und die Pumpe sich gerade anschickte, in das nun schon bekannte Rattern auszubrechen, zwängte sich plötzlich jemand ebenso Bekanntes zwischen ihnen durch, hob den großen Schraubenschlüssel auf und schlug damit einigemal energisch gegen ein sehr stabil aussehendes Metallteil, das auf der Abbildung der Bedienungsanleitung mit Gestänge MMM bezeichnet war.

Dieser Jemand war Max, und die Pumpe, die den Schraubenschlüsselschlag mit zwei, drei ruckartigen

Ratterlauten beantwortet hatte, lief und lief und hörte nicht mehr auf.
»Da haben Sie sie ja doch allein in Gang gekriegt«, meinte Max und staubte sich die Hände ab.
Morton ließ die Bedienungsanleitung sinken und sah den Jungen an.
»Ich habe Vigo mitgebracht, falls Sie ihn kennenlernen möchten«, sagte der und verließ das Pumphäuschen.
»Beißt er?« fragte Morton, und Caroline hielt sich vorsichtig im Hintergrund.
»Er beißt, wenn jemand ungeschickt und überraschend nach ihm greift«, erklärte Max gelassen. »Mich hat er nur einmal gebissen. – Vigo!«
»Twotwotwotwot!« hörte man, und der Otter kam angehopst, etwa in der Art, wie Seehunde sich fortbewegen, nur, daß er Beine hatte und dadurch behender war.
»Er sieht überhaupt nicht aus wie eine Ratte«, wandte sich Andy etwas verärgert seiner Schwester zu. »Was du bloß hattest!«
Caroline mußte zugeben, daß Vigo bei näherem Hinsehen wirklich nicht viel mit einer Ratte gemeinsam hatte. Sein Kopf war flach und breit, ähnlich dem eines Wiesels, die Augen blitzend und wach. Er hatte einen langen kräftigen Körper, ein glattes, glänzendes braunes Fell und einen weißen Brustlatz. Sein Schwanz war an der Wurzel so dick und kräftig, daß er fast wie ein Ruder aussah. Und an den Pfoten zwischen den Zehen hatte Vigo Schwimmhäute. Aber was war das?
»An seiner einen Pfote fehlen ja zwei Zehen«, stellte Caroline erschreckt fest.
»Die hat er in einer Falle verloren, als er noch ganz klein war«, informierte Max sie düster.
Carolines Angst vor Vigo schlug in Mitgefühl um. Sie kniete sich hin, um ihn näher anzuschauen.
»Stellt man denn für Otter Fallen auf?« fragte Andy. »Ich denke, Otter kommen nur ganz selten vor.«

»Das stimmt. Aber Marder gibt es viele. Und eine Marderfalle schnappt auch zu, wenn ein Otter reintappt.«
»Twotwotwot!« machte Vigo, nachdem er ganz flüchtig Carolines Hand beschnuppert hatte.
»Er ist aber ängstlich«, meinte die und hatte schon vergessen, daß sie vor zwei Minuten noch viel ängstlicher gewesen war.
»Er ist nur vorsichtig«, berichtigte sie Max. »Er kennt viele Menschen und hat keine Angst vor ihnen. Aber er weiß ganz genau, daß einige keine Otter mögen. Einmal hat jemand versucht, mit einem Spaten auf ihn einzustechen, und ein anderes Mal hat so ein blöder Tourist Steine am Strand nach ihm geworfen. Obwohl ich dabei war! Wir wollten nur ein bißchen angeln«, fügte er dann hinzu.
»Oh!« machte Caroline.
»Was frißt er?« wollte Andy wissen.
»Hauptsächlich Fisch«, antwortete Max. »Forelle und Aal mag er am liebsten.«
»Ich auch«, warf Morton trocken ein.
»Ich hole Mami«, verkündete Caroline und stand auf. »Sie soll Vigo auch kennenlernen.«
Laura kam. »Ich hörte etwas, das entfernt wie eine Dampfmaschine klang«, bemerkte Laura und wandte sich Vigo zu.
Der allerdings hatte im Moment keine Zeit. Ein wunderschönes, langes Stück Schnur, das jemand vor dem Pumphäuschen weggeworfen hatte, war ihm geradewegs in die Pfoten gefallen. Damit spielte er jetzt verzückt. Er rollte sich auf den Rücken, hielt die Schnur in seinen Pfoten über sich, warf sich herum, haschte mit der Schnauze nach der Schnur, zog und schüttelte das Spielzeug, daß es nur so zuckte.
»Ich wußte nicht, daß ein Stück Schnur derartig viel Freude machen kann«, äußerte sich Laura und lächelte Max zu.

»Vigo ist wahnsinnig verspielt«, erklärte er. »Immer muß er alles umdrehen, umwerfen oder irgendwie bewegen. Vorher ist er nicht zufrieden.«
»Dann gefallen ihm sicher Bälle«, meinte Caroline.
»Er hat vier«, gab ihr Max zur Antwort. »Einen Tennisball ohne Pelz, eine große, grüne Murmel, einen Gummiball und einen alten Golfball.«
Vigo setzte sich auf und schaute Max an.
»Hat er verstanden, daß du von seinen Bällen gesprochen hast?« wollte Caroline wissen.
»Er weiß, was ein Ball ist«, antwortete Max. »Aber jetzt guckt er mich an, weil ich versprochen habe, mit ihm an den Strand zu gehen. Wir wollen fischen.«
»Oh, dürfen wir mit?« Caroline blickte zuerst Max und dann ihre Mutter an. »Ich würde so gern sehen, wie Vigo Fische fängt.«
Max zuckte mit den Schultern. Ihm war es recht.
Laura aber sagte: »Für heute ist es schon zu spät. Wir müssen noch die Sache mit dem Wasser klären und wenigstens in den Schlafzimmern saubermachen.«
»Saubermachen!« murrte Caroline. »Ich dachte, wir hätten Ferien.«
»Ja«, meinte ihre Mutter und unterdrückte einen Seufzer. »Das habe ich auch gedacht. Kommt jetzt bitte mit ins Haus. Ich brauche eure Hilfe.«
Max hatte Vigo an der Leine und wollte sich gerade auf sein Fahrrad schwingen, als vom Haus her ein Schrei zu hören war. Er warf sein Fahrrad hin und raste zurück, Vigo ihm hinterdrein.
Es war Caroline, die geschrien hatte. Sie stand in der Küche vor dem Ausguß und war klatschnaß. Mit voller Kraft sprühte Wasser aus dem Hahn nach allen Seiten, nur nicht in das Spülbecken.
»Tut doch was!« rief Caroline. Max rannte wieder los. So schnell er konnte, lief er zum Pumphäuschen und drehte kurzerhand den Haupthahn zu.

Als er zum Haus zurückkam, war auch Morton naß. Mutig hatte er sich auf den Wasserhahn gestürzt und ihn zugedreht, im gleichen Augenblick, als Max im Pumphäuschen angekommen war.
Morton und Caroline sahen aus, wie nach einer Wasserschlacht. Carolines Haare trieften.
»Zuerst kam es in einem dicken Strahl und spritzte fast bis an die Decke, und dann kam es plötzlich so«, jammerte sie und schüttelte ihr Haar, so daß Andy auch noch etwas abbekam. »Das Wasser war ganz braun.«
»Mit dem Druck stimmt etwas nicht«, sagte Max.
»Darauf wäre ich auch noch gekommen«, murmelte Morton dumpf.
»Oder im Hahn ist ein Teil kaputt oder vielleicht beides«, fuhr Max fort.
»Ja, ja, ja«, schimpfte Caroline. »Du bist so furchtbar schlau!«
Max blieb ruhig. »Ich sage es meinem Vater. Der kommt und repariert es.«
»Ist dein Vater Zauberer?« wollte Morton wissen.
»Nein, Klempner«, war die Antwort. »Das Wasser ist braun, weil lange nichts mehr durch die Leitungen geflossen ist. Das gibt sich.«
Damit wandte er sich um und ging.
»Ein ungewöhnlicher Junge, dieser Max«, meinte Laura und wies Caroline an, sich umzuziehen. »Und rubble dir die Haare trocken! – Und du, Morton . . .«
»Ja, ja, ich geh' gleich mit«, meinte der.
Die beiden zogen ab. Laura wischte derweil mit einem alten Lappen den Fußboden auf.
Nachdem Andy festgestellt hatte, daß aus dem Waschbeckenhahn im Badezimmer das Wasser völlig gefahrlos floß, beruhigten sich die Gemüter. Man konnte das Notwendigste saubermachen, Abendessen kochen und sich waschen. Der erste Ferientag in Little Appington ging friedlich zu Ende.

Nachdem sie Strawberry House verlassen hatten, waren Max und Vigo in Richtung Appington Cove geradelt. Genaugenommen radelte Vigo natürlich nicht. Er lief mit Begeisterung neben Max' Rad her.
Appington Cove lag direkt am Meer. Es war ein winziges Fischerdorf, dessen einzige richtige Straße im wahrsten Sinne des Wortes im Sande verlief, denn sie endete dort, wo der Strand begann.
Einen kleinen Gasthof mit vier Fremdenzimmern gab es in Appington Cove, acht Fischerhäuser, am Strand ein paar hochgezogene Boote und Gestelle, auf denen Netze trockneten, sonst nichts.
Bevor sie das erste Haus erreichten, schob Max sein Fahrrad ins Gebüsch. Gemeinsam mit Vigo kletterte er die Böschung hoch.
Die beiden hatten ihren eigenen Weg zum Strand. Das heißt, nachdem man die steinige Wildblumenwiese überquert hatte, war es eigentlich nicht mehr als ein Pfad, und man mußte ihn genau kennen, um nicht davon abzukommen. Sonst stand man womöglich plötzlich vor einem steilen Küstenstück und kam nicht vor und nicht zurück.
Schön war es hier. Vigo schnupperte verzückt die Luft. Er liebte das Meer. Es machte ihn fast rasend vor Glück. Man konnte in unendlich viele Richtungen durchs Wasser jagen, Wellen reiten, in die Tiefe tauchen und jede Menge Fische fangen. Es waren immer, immer welche da. Nicht so wie im Fluß, wo es zu manchen Zeiten fast keine Aale gab.
Oh, Vigo mochte Aale.
Und hier im Meer gab es riesige. Manchmal mußte man bis zur totalen Erschöpfung kämpfen, um mit ihnen fertig zu werden.
»Vigo! Renn doch nicht so!« rief Max hinter Vigo her, der noch ein Stück weiterlief, ehe er innehielt und sich erhob.

Riechst du es nicht? Nur noch ein Stück, dann kann man es sehen, das Meer. Komm schneller, schnell! Das alles sagte Vigos Blick. Und Max beeilte sich.
Gleich hatten sie es geschafft. Nur noch ein kleines Stück bergan, den Trampelpfad überquert, der entlang der Klippe verlief, und es lag vor ihnen. Grausilbrig diesmal, mit sprühend weißer Gischt, wo sich die Wellen brachen. Vigo stellte sich kurz auf, schnupperte und war schon wieder weit voraus.
Das Meer konnte so unterschiedlich sein. Hellsilbrig im Morgenlicht, blau, grün oder grau bei Tag und rötlichgolden in der Abendsonne. Manchmal war es glatt wie Seide, an anderen Tagen leicht gekräuselt, in Wellen, die sich niemals brachen. Oder aber es gab Brecher, die drohend dem Ufer entgegendonnerten und sich tosend überschlugen.
Vigo nahm es mit Wonne, wie es kam. Denn jedesmal wieder war es aufregend neu und schön.
Am Strand angekommen, vergaß er Max. Im harten, feuchten Sand lief er auf einen Felsen zu, der ins Meer hineinragte. Es war sein Lieblingsfelsen. Von hier aus konnte man das Meer beobachten, wie es an den Steinen leckte, sich in die Brecher stürzen, und wenn man genug hatte vom Spielen, Toben, Jagen, konnte man in der Sonne dösen, den salzigen Wind genießen und gefangene Fische fressen. Hier war man ganz für sich.
Max setzte sich in den Sand. Schön warm war er noch. Auf dem kurzen Weg von der Klippe bis hierher hatte er vier flache Steine aufgesammelt. Heute war das Meer sehr ruhig. Da sprangen die Steine, wenn man sie richtig warf. Viermal der erste aus dem Sitzen. Neunmal mit einem Superstein, flach wie ein Stück Papier, nicht zu leicht und nicht zu schwer. Das war sein bestes Ergebnis überhaupt.
Ein Kopf tauchte auf, orientierte sich. Max wußte, jetzt hatte Vigo die erste Meertollheit überwunden. Der Ot-

ter schwamm auf den Felsen zu, erkletterte ihn. Zwischen seinen Zähnen hielt er einen Fisch. Aber niederlassen wollte er sich damit diesmal nicht. Vielmehr lief er zielstrebig auf Max zu.
»Ach Vigo, ist der für mich? Friß ihn mal selbst. Du hast ihn doch gefangen.«
Aber Vigo dachte nicht daran. Der Fisch war ein Geschenk. Direkt vor Max' Füßen ließ er ihn fallen und verschwand wieder. Das Meer wartete auf ihn – und unzählig viele andere Fische.
Irgendwann, nachdem Vigo endlich satt an Land gekommen war, um neben Max im Sand mit angeschwemmten Korkstücken zu spielen und danach etwas zu dösen, brachen sie auf.
Den Geschenkfisch nahm Max mit. Vigo würde ihn vielleicht etwas später doch noch fressen wollen.

»Hallo, Max!«
»Hallo!«
»Wunderst du dich gar nicht, daß wir dich gefunden haben?« Carolines Stimme klang enttäuscht.
Max ließ den Hammer sinken und sah von seiner Arbeit auf. »Nö, ihr habt wohl jemanden gefragt.«
»Stimmt!« Andy grinste. »Heute morgen den Milchmann.« Andys Grinsen wurde breiter. »Er hat erzählt, daß er bei euch die leeren Milchflaschen jedesmal erst zusammensuchen muß.«
»Jedesmal!« Max rollte mit den Augen. Vigo wirft sie nur um, wenn er gerade mal nicht im Gehege ist«, verteidigte er seinen Freund. »Manchmal rollen sie dann ein Stück durch die Gegend. Das findet er toll.«
»Macht er das auch mit den vollen Flaschen?« wollte Andy wissen.
»Die kriegt er nicht«, antwortete Max. »Der Milchmann bringt sie vorsichtshalber immer gleich in Sicherheit.« Er deutete mit dem Hammer auf ein halb offenstehendes Fenster im Erdgeschoß. »Da oben wohne ich.«
Caroline nickte. »Was baust du eigentlich?« fragte sie.
»Ein Vogelhaus. Sieht man das nicht?«
»Man sieht, daß es ein Haus wird«, antwortete Caroline, »jetzt, wo ich es weiß. Du übst wohl schon für deinen späteren Beruf. Willst du mal Architekt werden?«
Eigentlich hatte Caroline ihre Frage als Scherz gemeint, Max aber ging ganz ernst darauf ein.
»Wollte ich zuerst. Aber mich stört, daß man da nichts mit den Händen selber macht. Deshalb werde ich lieber Tischler oder Schreiner«, fügte er hinzu.
Caroline fand die Antwort toll. Zuerst hatte sie sich über ihn geärgert, weil er immer so sicher und sachlich war und niemals aus der Ruhe kam. Langsam aber fing sie an, seine Art zu mögen.

Ihr Bruder sagte nichts zu alledem. Beinahe abfällig fragte er: »Warum baust du das Dach zuerst? Ich hätte mit dem Unterteil angefangen.«
»Das wird ein Nur-Dach-Vogelhaus«, klärte Max ihn auf. »Es besteht nur aus einem Dach. Ich habe aber auch schon andere gebaut. Wollt ihr sie sehen?«
Das wollten die beiden gerne.
Plötzlich kam aus dem Schuppen, vor dem Max gearbeitet hatte, jemand herausgesaust, der auch mitkommen wollte. Es war natürlich Vigo.
»Wohnt er in dem Schuppen?« fragte Caroline.
Max schüttelte den Kopf. »Er sucht manchmal darin Sachen, mit denen er spielen kann.«
Auf einem zugewachsenen Gartenpfad gingen sie um den Schuppen herum. An seiner Rückwand hingen säuberlich aufgereiht elf Vogelhäuser.
»Hast du die alle ganz allein gebaut?« fragte Andy.
Max nickte. »Die ersten sind noch nicht so gut geworden.« Er zeigte auf den Anfang der eindrucksvollen Reihe, wo einige etwas klobige und ein ganz klein bißchen schiefe Vogelheime hingen.
»Ich finde sie alle schön«, meinte Caroline. Kein Häuschen sah aus wie das andere, und das gefiel ihr ganz besonders. Eines war reetgedeckt, ein anderes bestand zum größten Teil aus einer hohlen Kokosnuß, und ein drittes hatte sogar eine Veranda.
»Sollen sie hier für immer hängenbleiben?« wollte Andy wissen.
»Nein«, antwortete Max. »Wenn ich dreizehn Stück zusammenhabe, hänge ich sie alle an verschiedenen Bäumen auf.«
»Warum gerade dreizehn?« Caroline riß die Augen auf. »Dreizehn ist doch eine Unglückszahl.«
»Quatsch!« Max wandte sich von ihr ab. »Dahinten wohnt Vigo. Wenn ihr Lust habt, zeige ich euch sein Gehege.«

Der Otter, der unentwegt beschäftigt im Gras geraschelt hatte, horchte auf. Seinen Namen kannte er genau. Fröhlich hopste er voran, als Max auf sein Zuhause zuging.
Vigo wohnte wirklich komfortabel. Sein großes Gehege war mit Maschendraht sicher eingezäunt, der unten eingegraben und oben mit einem raffinierten Überstand aus Holz und Blech versehen war, so daß ein Otter nicht darüberklettern konnte.
Er hatte einen kleinen Teich, ein Haus aus Holz, Gebüsch und viel hohes Gras, um sich darin zu verstecken.
»Aber das hast du nicht gebaut«, meinte Andy und schob die Hände in die Taschen. Mit dem Fuß deutete er in Richtung Pfosten, an dem die Eingangstür aufgehängt war.
»Mein Onkel hat es gebaut«, sagte Max. »Ich habe nur mitgeholfen.«
»Ist dein Onkel Förster?« fragte Caroline.
Sie konnte sich nicht vorstellen, daß jemand, der nicht über wildlebende Tiere Bescheid wußte, ein solches Gehege bauen konnte. Es sah natürlich und doch irgendwie perfekt aus.
»Mein Onkel ist Naturschutzbeauftragter«, erklärte Max, und man merkte deutlich, daß er sehr stolz auf diesen Onkel war. »Er arbeitet im Ministerium für Landwirtschaft und Fischerei.«
»Ministerium!« wiederholte Andy langgezogen. »Da sitzt er wohl den ganzen Tag über im Büro.«
»Ach, du hast ja keine Ahnung«, verteidigte Max seinen Onkel, und es klang fast, als wäre er böse.
»Kann ich mir auch nicht vorstellen«, lenkte Caroline ein. »Jemand, der immer nur am Schreibtisch sitzt, könnte bestimmt nicht so ein Gehege bauen.«
»Hm«, brummte Andy.
»Hilfe!« Zufällig hatte Caroline auf die Uhr gesehen. »Weißt du, wie spät es ist?«

»Nö«, meinte ihr Bruder. »Ist ja auch nicht wichtig. Wir haben schließlich Ferien.«
»Aber heute kommt doch Nani!«
Das stimmte. Und sie hatten versprochen, ihrer Mutter im Haus zur Hand zu gehen, damit Nani keinen zu großen Schrecken bekäme.
Als ob sie durch irgend etwas zu erschrecken wäre, ging es Andy durch den Kopf. Eher war sie es, die andere erschreckte, weil sie so praktisch und selbständig war, sich immer schnell entschloß und manchmal ganz schön kommandieren konnte.
»Eigentlich sind wir nur gekommen, um zu fragen, wann dein Vater den Wasserhahn reparieren kann«, sagte Caroline.
»Ssssst«, machte es laut, und Vigo glitt in seinen Teich.
»Ach, gib nicht so an!« rief Max ihm zu. »Wir können nicht immer nur zu dir hingucken!« Er wandte sich wieder Caroline zu. »Mein Vater sagt, frühestens heute nachmittag könne er kommen.«
»Macht nichts.« Caroline war zufrieden. »Hauptsache, er kommt überhaupt.« Sie kannte Klempner in London, die hatten wochenlang keine Zeit. »Kommst du dann auch mit?«
»Mal sehen.« Max steckte die Hände in die Taschen. »Vielleicht gehe ich auch angeln.«
»Na dann – bis bald!« Caroline wandte sich zum Gehen. Andy war schon ein Stück voraus.
»Twotwotwot!« machte Vigo und flitzte durch das lange Gras um seinen Teich.
»Ach, sei still!« Max kickte gegen einen Stein.
Am Nachmittag kam Nani – mit einem Taxi. Ihre Ankunft war wie ein Theaterauftritt.
Der Taxifahrer wirkte etwas schlapp, als er ihre beiden Koffer, die drei Ballen Stoff, die Nähmaschine und den großen Korb ausgeladen hatte. Eilig entfernte er sich, nachdem er bezahlt worden war.

»Ich hätte dich doch vom Bahnhof abholen können!«
»Ach was, Junge!« Nani küßte ihren Sohn. »So war es viel praktischer.«
Andy und Caroline sahen einander an. Für sie war es jedesmal ein Heidenspaß, mitzuerleben, wie Nani aus dem Vater so mir nichts, dir nichts wieder einen kleinen Jungen machte.
»Hallo, Laura! Gut siehst du aus!« Auch Laura bekam einen Kuß. »Na, und ihr beiden? Was habt ihr zu eurer Entschuldigung vorzubringen? Konntet ihr euren Vater nicht davon abhalten, dieses Haus zu kaufen?«
Andy lachte und schüttelte den Kopf. Nani sagte immer solche Sachen.
»Es war eine Überraschung«, erklärte Caroline. »Und außerdem mögen wir es längst.«
»So? Längst?« Nani machte große Augen. »Wie lange seid ihr denn schon hier?«
»Seit gestern«, sagte Andy. »Tu nicht so! Das weißt du doch ganz genau.«
»Komm, wir zeigen dir das Haus.« Caroline faßte Nani an der Hand und zog sie einfach mit. »Die Erdbeerbeete mußt du sehen! Wir essen jeden Tag Erdbeeren.«
»Seit gestern jeden Tag«, hielt Nani Caroline vor und lächelte. Sie machte sich los, jede griff sich ein Gepäckstück, und sie gingen ins Haus. Der große Korb blieb vorerst draußen stehen.
»So schlecht finde ich es gar nicht«, sagte Nani, als sie alle Räume, das Pumphäuschen und auch den Garten angeschaut hatten. »Ein bißchen verkommen und verwahrlost, etwas unmodern vielleicht. Das läßt sich aber alles richten. Die Substanz ist gut. Ihr werdet sehen, mit ein wenig Energie haben wir in zwei Wochen das Gröbste hinter uns.«
»Energie!« Laura lächelte wehmütig. »Ich kann schon kaum mehr glauben, daß wir ursprünglich hierhergekommen sind, um uns zu erholen.«

»Kindchen!« Nani klopfte ihr beruhigend auf die Schulter. »Erholen werdet ihr euch trotzdem. Und wenn ihr hier wegfahrt, hinterlaßt ihr das gemütlichste Ferienhaus, das man sich denken kann, zu dem ihr immer zurückkehren könnt. Denk an meine Worte, wenn es soweit ist.«

»Wie du das sagst, klingt es so leicht.« Laura lächelte schon optimistischer. »Was ist denn das für ein Stoff, den du da mitgebracht hast?«

»Gardinenstoff, in Zartrosa.« Nani packte den Ballen aus. »Er lag bei mir auf dem Dachboden. Ich dachte, wenn das Haus rosa ist, paßt er vielleicht.«

»Hübsch!« riefen Laura und Caroline wie aus einem Mund. Morton jedoch sagte düster: »Das Haus bleibt nicht rosa. Ich habe vor, es weiß zu streichen.«

Wer hatte schon je von einem rosa Haus gehört! Die Farbe war das einzige, das ihm an Strawberry House auf Anhieb nicht gefallen hatte.

»Oh, aber so sieht es wie eine Erdbeer-Sahne-Schnitte aus«, meinte Caroline enttäuscht.

»Na, so was! Eben war es noch ein verkommenes, verwahrlostes, unmodernes Haus. Vielleicht entscheidet ihr euch mal.« Morton ging, um Nanis großen Korb zu holen, der noch immer draußen stand.

»Was ist da drin?« fragte Andy, als der Korb direkt vor seinen Füßen stand.

»Allerlei Nützliches«, antwortete Nani und öffnete den Deckel. Zum Vorschein kamen Töpfe mit weißer Farbe, zwei alte Handfeger, Lappen, Pinsel, Folie, Spachtelmasse und noch ein paar Dinge mehr.

Da klopfte es, und ein kleiner Mann mit einem großen Werkzeugkasten stand in der offenen Tür.

»Guten Tag! Ich heiße Nelles. Wie ich höre, haben Sie Probleme mit einem Wasserhahn.«

»Das kann man wohl sagen!« Laura bat den Mann herein, der nur Max' Vater sein konnte. »Wir hatten jede

Menge schießend Wasser. Dabei hätte es uns fließend durchaus gereicht.«

»Nanu!« Max' Vater schien nicht sonderlich beeindruckt. »In der Küche?«

Laura nickte und ging den Weg voran.

Mr. Nelles hielt sich nicht lange auf. Er montierte den Hahn ab und förderte nach einigen Handgriffen ein Teil daraus hervor, das in zwei Teile zerbrochen und total verklemmt gewesen war. Er baute ein anderes dafür ein, montierte den Hahn wieder an, drehte ihn auf, und schon lief das Wasser in die gewünschte Richtung.

»Das war alles«, sagte Mr. Nelles und klappte seinen Werkzeugkasten zu. »Wenn Sie wieder einmal Ärger haben, sagen Sie Max Bescheid.«

Laura bedankte sich. »Ich hoffe, daß das für diese Ferien alles war«, meinte sie und begleitete Max' Vater wieder zur Tür hinaus.

Morton hatte inzwischen die Koffer seiner Mutter in den Raum hinaufgetragen, den sie bewohnen sollte.

»Nani, weißt du, was ich gerne hätte?« meinte Caroline, während sie neben ihrer Großmutter die Treppe hinunterhopste.

»Na?«

»Ein Zimmer ganz und gar in Weiß.« Ihre Stimme klang schwärmerisch. »Bis auf die Gardinen. Die können gern in einer anderen Farbe sein.«

»Affig«, meinte Andy nicht besonders freundlich. »Und langweilig obendrein.«

»Das ist Geschmacksache«, urteilte Nani schiedsrichterlich. »Ein weißes Zimmer? Warum nicht? In einem Ferienhaus, das renoviert wird, können fast alle Wünsche in Erfüllung gehen. – Wie wünschst du dir dein Zimmer denn?« Die Frage galt Andy.

»Mm, mir egal«, murmelte der. Sein Zimmer interessierte ihn bis jetzt nicht sonderlich. Interessant dagegen fand er, daß er jeden Tag woanders schlafen konnte,

wenn er wollte. Mit seinem Schlafsack war er ja nicht an einen Raum gebunden. Für heute hatte er sich vorgenommen, im Studierzimmer zu nächtigen.
Der Abend wurde sehr gemütlich. Man schmiedete Pläne für Strawberry House.
Morton wollte morgen gleich beginnen, die alte Farbe von den Außenwänden abzukratzen. Wenn sich die Familie drinnen tummelte, war er draußen besser aufgehoben – seiner Meinung nach. Außerdem konnte er es kaum erwarten, Strawberry House in Weiß zu sehen. Aber das sagte er nicht. Und wenn die ersten Arbeitstage überstanden waren, sollte es eine schöne Erdbeerbowle geben, beschlossen die Erwachsenen.

Spuk im Studierzimmer

Als Andy am nächsten Morgen am Frühstückstisch erschien, sah er so blaß und übermüdet aus, daß Laura erschrak.
»Andy! Du bist doch nicht etwa krank? Oder hast du die halbe Nacht gelesen?« Andy schüttelte den Kopf und goß sich ein Glas Milch ein.
»Nun sag schon! Was ist los?« forderte Caroline, während die Erwachsenen ihn besorgt anschauten.
Andy gähnte und fuhr sich mit der Hand durchs Haar. »Ich hab' ein paarmal hintereinander so ein komisches Geräusch geträumt«, rückte er endlich mit der Sprache heraus. »Und wenn ich davon aufgewacht bin, war es immer noch da.«
»Also spukt es doch«, flüsterte Caroline. Sie sah sehr betroffen aus. Auch die anderen versuchten, sich einen Reim auf das zu machen, was Andy erzählte.
»Sicher hast du nur gedacht, daß du ein paarmal aufgewacht bist«, meinte Morton. »In Wirklichkeit hast du wahrscheinlich die ganze Zeit geträumt.«

»Oder vielleicht hast du auch nur geträumt, daß das Geräusch nicht weg war, als du aufgewacht bist«, meinte Laura.
»Beides Unsinn!« sagte Nani so entschieden, daß Caroline ordentlich zusammenfuhr. »Wenn er die ganze Zeit geschlafen hätte, sähe er, trotz aller Träume, nicht so blaß und müde aus. Das Geräusch wird dagewesen sein, in Wirklichkeit und nicht im Traum.«
»Was war es denn für ein Geräusch?« wollte Caroline wissen. Aber ihre Frage kam so zögernd, als hätte sie vor der Antwort Angst.
Andy druckste, bevor er endlich Auskunft gab. »Wie ein schwaches Flügelschlagen, irgendwie hallend und doch wieder so – ganz nah.« Er zuckte mit den Schultern. »Besser kann ich's nicht beschreiben.«
»Hm«, machte Nani, »das klingt allerdings sehr nach Traum. Heute morgen hast du nichts gehört?«
Andy schüttelte den Kopf. »Zum Glück!«
»Was es auch sein mag«, bestimmte Laura, »die nächste Nacht schläfst du in einem anderen Zimmer. Sonst bist du morgen wirklich krank.« Damit war für sie der Fall erledigt.
Nach dem Frühstück wurden Aufgaben verteilt. Als erstes sollten Decken und Wände in den Schlafräumen gestrichen werden. Andy und Caroline hatten dazu große Lust. Dabei konnten sie sehen, was sie schafften, und mußten nicht so fürchterlich genau sein. Natürlich brauchten sie es nicht allein zu tun. Mami und Nani würden helfen.
Gerade hatten alle mit ihrer Arbeit angefangen, als Max mit Vigo kam.
»Tag, Mister Sandifer!«
»Tag, Max!« Morton schabte rosa Farbe vor sich her.
»Ich will fragen, ob Andy und Caroline Lust haben, mit an den Fluß zu gehen.«
Morton nieste laut. Er hatte Farbstaub in der Nase.

»Da mußt du schon selber mit ihnen reden«, meinte er, und seine Augen tränten. »Sie sind oben, alle. Geh ruhig hinauf.«
Während Max im Haus verschwand, vertrieb sich Vigo mit einem Handfeger die Zeit. Er roch an den Borsten, zauste ihn hin und her und trug ihn ein Stück weg.
Max hatte Andy und Caroline schnell gefunden.
»Hallo!«
»Hallo!« Andy fuhr eben mit seiner Rolle ein paarmal ausladend über eine Wand.
»Wir malern gerade«, sagte Caroline. Etwas Geistreicheres fiel ihr im Moment nicht ein. In der Hand hielt sie einen Pinsel, mit dem sie in der Nähe der Fußleisten beschäftigt war. »Paß auf! Du kleckerst mich sonst voll!« rief sie ihrem Bruder zu.
Die Warnung kam aber zu spät. Sie hatte bereits einen Farbklecks auf der Schulter.
»Oh, wie blöde!« schimpfte sie.
»Kommt ihr mit? Ich gehe an den Fluß«, informierte Max die beiden.
Augenblicklich ließ Caroline ihren Pinsel in den Eimer fallen. »Ja. An welchen?«
»Hier in der Nähe gibt's nur einen«, antwortete er.
»Wir müssen fragen«, sagte Andy mehr zu Caroline als zu Max. »Wir können nicht einfach alles liegenlassen.«
Gemeinsam gingen sie ins Elternschlafzimmer, wo Laura und Nani mit Malerarbeiten beschäftigt waren.
»Habt ihr schon genug?« Nani zwinkerte den beiden zu.
»Nein – Ja. Max ist gekommen«, wandte Andy sich an seine Mutter. »Er fragt, ob wir mit zum Fluß gehen.«
Laura sah ihn an.
»Es ist kein gefährlicher Fluß«, kam es von Max, der ihr Zögern als Besorgnis deutete.
»Das ist Max«, stellte Caroline Nani ihren neuen Freund vor.
»Ich dachte es mir«, meinte die.

»Ich habe keine Angst, daß ihr ertrinkt«, sagte Laura. »Aber nun haben wir gerade mit dem Malern angefangen und . . . Ach was«, unterbrach sie sich. »Schließlich habt ihr Ferien, und mit dem Renovieren kommt es auf ein paar Tage nicht an.«
»Juhu!« rief Caroline. »Morgen helfen wir wieder!«
»Das wollen wir hoffen«, sagte Nani. Aber die Kinder waren bereits weg.
»Schöne Maler!« meinte Laura gutgelaunt.
Vigo pfiff aufgeregt, als die drei aus dem Haus geschossen kamen.
Jetzt würden sie etwas Aufregendes unternehmen. Das spürte er.
»Wo führst du uns hin?« fragte Caroline und pustete ordentlich, denn sie waren nun schon ein beträchtliches Stück bergauf gegangen. »Flüsse liegen doch in Tälern.«
Max bog einen Weidentrieb beiseite und drehte sich halb um. »Ihr sollt ihn zuerst von oben sehen.«
Und schon ging es weiter. Vigo war so voller Übermut und Fröhlichkeit, daß er die ganze Strecke doppelt lief. Mal lief er weit voraus, mal huschte er zurück durchs hohe Gras, um plötzlich unerwartet neben Andy oder Caroline aufzutauchen. Einmal steckte er seinen Kopf in ein Kaninchenloch, und oft beschnupperte er Erdhügel, Kothäufchen oder andere Spuren, die von Tieren hinterlassen worden waren.
All dies geschah flüchtig und wie nebenbei. Es schien, als ob Dinge, die für die meisten Menschen kaum oder nur mühsam zu erkennen und zu deuten waren, ihm unaufhörlich etwas sagten.
Gerüche, Feuchtigkeit in der Luft, ein Häufchen trockenen Grases an versteckter Stelle, Vogelschreie oder Stille. Vigo las die Natur.
»Flügel müßte man haben.« Caroline seufzte und blickte sehnsüchtig einer Lerche nach, die sich singend in den Himmel schraubte. »Mir ist so heiß!«

»Wir sind gleich oben.« Andy streckte seine Hand aus und zog Caroline über eine kahle Stelle. Erde war hier abgerutscht und hatte Grassoden unter sich begraben.
»Daran sind die Kaninchen schuld«, erklärte Max. »Hier gab es zu viele Gänge. Auf einmal stürzte alles ein.« Ein paar Schritte noch, und sie hatten es geschafft.
Vigo setzte sich auf die Hinterbeine und sog genießerisch die Luft ein. Es roch nach Sommer, Erlen, Schilf, verheißungsvollen kleinen Wasserläufen und nach dem Fluß. Wie eine lebendige Landkarte sah die Landschaft von hier oben aus. Das Wasser glitzerte, wo sich Licht darin spiegelte, Baumwipfel bewegten sich im Wind.
O ja, sehr lebendig war diese Landkarte und sehr schön. Sie lud einen auf wundersame Weise ein zu glauben, daß nichts in der Lage war, sie zu verändern.
»Toll ist es hier«, sagte Caroline, immer noch ein bißchen außer Puste, »so einsam. Man könnte glauben, daß noch nie jemand das alles vor uns gesehen hat.«
Kommt! Worauf wartet ihr? schien Vigos Blick zu sagen. Er hatte bereits den Abstieg angetreten.
»Was ist das dahinten?« fragte Andy und deutete auf eine Reihe von Gebäuden, die einzigen weit und breit. Aus der Ferne sahen sie aus wie riesengroße Schuppen.
»Das ist ein Sägewerk«, erklärte Max. »Hörst du nicht die Sägen?«
In der Tat konnte man ganz schwache, kreischende Geräusche hören, wenn man darauf achtete.
Vigo kam zurückgerannt. Er piepste ungeduldig.
»Drängle nicht so«, tadelte ihn Max. »Wir kommen schon noch hin.«
»Zu Hause, wo wir wohnen, haben wir auch einen Fluß«, erzählte Caroline, während sie sich, Max folgend, ihren Weg bergab suchte.
»Die Themse«, sagte Andy. »Die ist aber ganz anders.«
»Ja, in der Stadt hat sie Steinufer, und es fahren viele Boote drauf«, fuhr Caroline fort.

Max drehte sich um. »Und wenn man am Ufer entlanggeht, hört man immer zerbrochenes Glas klirren, das von den Wellen auf die Steine gespült wird. Außerdem stinkt es fast überall nach Benzin und Öl. Meine Tante wohnt in Putney, ganz dicht bei der Themsebrücke. Wir besuchen sie manchmal. Deshalb weiß ich das. Meine Mutter und meine Schwester sind gerade dort«, fügte Max hinzu.
»Wir wohnen auch da in der Nähe«, sagte Andy überrascht. »Nur ein bißchen weiter hin zur Innenstadt.«
»Noch weiter?« Max hatte in Putney immer schnell genug von den vielen Autos, die sich wie durch ein Nadelöhr über die Themsebrücke zwängten, von dem Lärm und dem Benzingestank.
»Aber Bäume gibt es bei uns auch«, verteidigte Caroline London. »Nur nicht so viele.«
»Bäume in der Stadt sind wie Frösche in Marmeladengläsern«, sagte Max. »Sie tun mir leid.« Er sprang über einen dichtbewachsenen Graben, in dessen Wasserlauf Vigo bereits vor geraumer Zeit verschwunden war. »Paßt auf! Hier ist alles voller Brennesseln!«
Aber da hatte sich Andy schon verbrannt. Caroline hielt ihre Arme hoch und blieb verschont.
Plötzlich tauchte Vigo aus dem Graben auf. Zwischen den Zähnen hielt er eine fette Kröte.
»Iiii!« schrie Caroline. Vigo sah sie an, als wäre sie ein Wesen von einem anderen Stern.
Dann lief er ein ganzes Stück voraus bis zu einem großen, glatten Stein.
Oben angekommen, verspeiste er seine Beute.
»Jetzt frißt er sie auch noch«, flüsterte Caroline angewidert, und man sah, wie sehr sie sich ekelte.
»Er ist ein Otter«, sagte Max ungehalten. »Otter können sich nicht wie Menschen Brote schmieren oder irgendeine Dose öffnen, wenn sie Hunger haben. Sie fressen, was sie kriegen.«

»Aber warum gerade Kröten?« Caroline hatte sich noch immer nicht von ihrem Schock erholt. »Er ist ein Fischotter. Warum frißt er keine Fische?«
Max riß die Geduld. »Man merkt, daß ihr aus der Stadt kommt. Vigo weiß doch nicht, daß er ein Fischotter ist. Den Namen haben Menschen ihm gegeben, irgendwelche Zoologen oder so. Meint ihr, er läuft mit einem Ausweis rum, in dem steht: Fischotter, männlich, Augenfarbe braun?«
Andy mußte lachen. Caroline schluckte. Vorsichtig sah sie zu Vigo hin. Der leckte sich und blickte überaus zufrieden drein. Da Max und Andy weitergingen, riß sie sich zusammen.
»Ganz schön breit, der Fluß«, stellte Andy fest. »Viel breiter, als er von oben ausgesehen hat.«
»Das ist noch gar nichts«, meinte Max. »Vom Sägewerk bis zum Meer ist er viel breiter.«
»Werden Baumstämme, die in dem Sägewerk verarbeitet werden, alle hier gefällt?«
»Nein«, erhielt er zur Antwort. »Das Holz wird mit Lastwagen von überall hergebracht.«
Plötzlich schoß Vigo wie der Blitz vor Max' und Andys Füßen quer über den Weg ans Ufer.
»Ihm ist eingefallen, daß hier seine Rutsche ist«, erklärte Max.
»Rutsche?« Caroline glaubte, sie hätte sich verhört. Oder gab es etwa Spielplätze für Otter?
Sie erfuhr, daß Vigo sich liebend gerne Rutschen baute. An lehmigen Steilufern sauste er auf dem Bauch so oft ins Wasser, bis eine herrliche glitschige Rutschbahn entstanden war. Und dann ging der Spaß erst richtig los. Jedes Mal, wenn er vorbeikam, rutschte er, wieder und wieder.
»Sssst!« machte es, und ein lautes Platschen folgte. Vigo war unten angekommen. Mit einer flinken Wendung drehte er sich um und glitt zurück an Land.

»Schwimmt der elegant!« meinte Andy anerkennend. Und wirklich, im Wasser war Vigo erst richtig schön. Man sah, daß er mehr dort als an Land zu Hause war. Max' vierbeiniger Freund schüttelte sich kurz und war mit ein paar Hopsern wieder an der Abfahrtsstelle.
»Sssst!« Diesmal ging es noch viel besser, denn jetzt war Vigo naß. »Platsch!«
»Er hat einen richtigen Bauchklatscher gemacht!« rief Caroline überrascht und wischte sich einen Spritzer von der Backe. »Tut ihm das nicht weh?«
»Er hat doch einen Taucheranzug an, aus Pelz«, erklärte Max.
Das stimmte. Vigo war für jede Art von Wasserabenteuer ausgerüstet, mit Schwimmhäuten zwischen den Zehen, einem Schwanz, mit dem man wie mit einem Ruder navigieren konnte, Augen, einer Nase und Ohren, die so weit oben lagen, daß sie über Wasser einzusetzen waren, auch wenn der Rest seines Körpers unter Wasser lag, ähnlich den Luken eines Unterseebootes, und einem Fell, das besser schützte als jeder Taucheranzug.
»Die Unterwolle ist toll weich, und wenn er sich geschüttelt hat, trocknet er schnell«, erzählte Max.
Die drei setzten sich an einer Stelle ins Gras, von der aus sie Vigo sehen konnten.
»Das kann jetzt dauern«, hatte Max gesagt.
In der Tat schien Vigo erst richtig anzufangen. Caroline nahm sich vor zu zählen, wie oft Vigo rutschte. Irgendwann aber vergaß sie die Zahl.

Vigos Geschichte

»Wie kommt es eigentlich, daß du Vigo hast?« wollte Andy wissen. »Wieso lebt er nicht wild in der Natur?«
»Es gibt hier keine wilden Otter mehr«, berichtete Max düster. »Vigo ist der letzte. Als er noch ganz klein war, hab' ich ihn gefunden, in einer Marderfalle«, erzählte er, und sein Gesicht sah finster aus. »Die hätte ihn erschlagen können. Zum Glück war aber nur sein eines Bein drin. Als ich kam, war er dabei, sich die Zehen abzunagen.«
Carolines Augen weiteten sich vor Entsetzen, und auch Andy sah sehr erschrocken aus.
»Das tun Tiere manchmal, wenn sie gefangen sind und sich befreien wollen«, erklärte Max. »Ich hab' die Falle aufgebogen und ihn rausgeholt. Er hat mich ganz schön gebissen – hier!« Max zeigte auf zwei kleine weiße Narben zwischen Daumen und Zeigefinger seiner rechten Hand. »Beide haben wir geblutet.«
»Aber losgelassen hast du ihn trotzdem nicht?« meinte Andy anerkennend. Max war schon in Ordnung.
»Konnte ich doch nicht«, ging die Geschichte weiter. »Sein Bein war ganz zerschunden, und außerdem sah er schon ziemlich schlapp aus. Er wäre abgehauen und bestimmt irgendwo gestorben. Er war doch noch so klein.«
»Und was hast du gemacht?« Caroline sah Max an.
»Erst mal bin ich mit ihm nach Hause gegangen«, fuhr er fort. »Da hat er sich schon nicht mehr so gewehrt. Dann haben wir den Wildhüter von Mrs. Brannigan angerufen. Der kennt sich mit Tieren aus, Mrs. Brannigan auch. Sie ist – « Max rieb seine beiden Narben. Ja, was war Mrs. Brannigan eigentlich? »Ihr gehört viel Land oben hinter dem Sägewerk«, half er sich und erzählte weiter.
»Und weil Otter unter Naturschutz stehen und man sie nicht so einfach mit nach Hause nehmen darf, haben wir

auch gleich noch meinen Onkel angerufen. Es gibt eine besondere Arbeitsgruppe für Otterschutz. Da ist mein Onkel drin. Er hat gesagt, es wäre gut, wenn Mrs. Brannigans Wildhüter sich um Vigo kümmern könnte, weil er die besseren Voraussetzungen hat.«

Das klang sehr erwachsen, daher fügte Max hinzu: »Er kennt sich gut aus und hat ein Gehege. Wir haben Vigo hingebracht, und Mister Tent hat sich gleich um ihn gekümmert. Er hat sich die Pfote angesehen und sie gepudert, mit Wundpuder, aber Vigo hat gleich alles wieder abgeleckt. Er hat gefaucht wie ein Leopard, als Mister Tent ihn angefaßt hat.« Max grinste. »Da war er ja noch wild. Mister Tent hat aber nur gelacht und gemeint, das sei ein gutes Zeichen. Wenn er noch genügend Kraft habe, sich zu wehren, dann habe er auch genug, seine Verletzung zu überstehen. Für wildlebende Tiere ist die Natur sowieso der beste Heiler.«

Auch das hatte Mister Tent gesagt und Vigo in ein Gehege entlassen, das eigentlich für Vögel vorgesehen war. Es hatte einen Teich und ein Haus, in dem der Otter schlafen konnte.

»Ich hab' ihn jeden Tag besucht. Zuerst hat er sich immerzu versteckt«, fuhr Max fort zu erzählen. »Nur wenn ich ihm Futter brachte, konnte ich ihn sehen, ganz kurz, wenn er es sich holte. Er humpelte schlimm. Mit dem einen Bein konnte er fast nicht auftreten.«

»Was hat er zu fressen gekriegt?« wollte Andy wissen.

»Och, Fische, Haferbrei und tote Küken«, antwortete ihm Max.

Auf Carolines Gesicht breitete sich erneut Entsetzen aus. Diesmal aber hielt sie den Mund.

»Wißt ihr, was er auch mag?« fragte Max, und sein Gesicht erhellte sich. »Das ratet ihr nie!«

»Nun sag schon!« forderte ihn Andy auf.

»Bananen! Einmal ist mir ein Stück runtergefallen, und das hat er sofort weggeputzt.«

»Komisch«, meinte Caroline, »ausgerechnet Bananen. Die wachsen hier doch gar nicht!«
Max zuckte mit den Schultern. »Wir mögen sie doch auch, obwohl sie hier nicht wachsen. Ich jedenfalls.«
»Erzähl weiter von Vigo«, drängte Andy, den Bananen im Moment nur am Rande interessierten.
»Es hat lang gedauert, bis Vigo sein Bein wieder gebrauchen konnte. Und dann humpelte er immer noch. Inzwischen waren wir längst Freunde. Er kam jetzt immer, wenn ich ihm sein Futter brachte, und manchmal fraß er sogar aus meiner Hand. Es machte ihm auch nichts aus, wenn ich noch ein bißchen im Gehege blieb. Als er immer noch lahmte, meinte Mister Tent, ich solle mal mit Vigo spazierengehen. Vielleicht würde er dann seine Verletzung vergessen und schneller wieder richtig laufen lernen.
Von da an sind wir jeden Tag spazierengegangen, fast immer an den Fluß. Wenn es warm war, sind wir auch geschwommen. Vigo ist natürlich auch im Fluß gewesen, wenn es nicht so warm war«, fügte Max hinzu. »Ihm macht Kälte nichts aus. Er badet auch im Winter und rodelt auf seinem Bauch im Schnee wie ein Pinguin. Das solltet ihr mal sehen!«
»Das würde ich gerne«, meinte Caroline.
»Dann müßt ihr mal im Winter kommen. Wir haben hier immer massenweise Schnee«, berichtete Max und stützte sich auf seine Ellenbogen.
»Ich weiß nicht, ob es von all dem Schwimmen kam, aber auf einmal war Vigo wieder fit. Er konnte blitzschnell sein, wenn er wollte, und lahmte überhaupt nicht mehr.
Ich hatte ihm gerade beigebracht, an der Leine neben meinem Rad zu laufen, als Mister Tent meinte, es wäre Zeit, Vigo wieder auszuwildern – ihn an ein freies Leben in seiner natürlichen Umgebung zu gewöhnen«, erklärte Max, als Caroline ihn fragend ansah.

»Und wie habt ihr das gemacht?« wollte Andy wissen.
»Wir haben abends sein Gehege nicht mehr zugemacht, so daß er wandern konnte, wenn er wollte, und er bekam weniger und weniger zu fressen.«
»Aber am Tag war er eingesperrt?« fragte Caroline.
»Nur morgens, weil da zu viele Leute und Autos unterwegs sind, und spätnachmittags, wenn ich von ihm weggegangen bin, weil er sonst hinter mir hergelaufen wäre.« Das leuchtete beiden ein.
»Aber es hat alles nichts genützt«, berichtete Max weiter. »Manchmal ist Vigo nachts überhaupt nicht unterwegs gewesen, und morgens war er immer, immer wieder da, auch als er von uns nichts mehr zu fressen bekam.« Max rieb wieder seine beiden Narben. Er schwieg einen Moment lang, ehe er weitererzählte.
»Wir haben dann beschlossen, daß ich ihn nicht mehr besuchen sollte. Und da ist es passiert. Als ich drei Tage nicht mehr gekommen war, hat Vigo sich nachmittags unter seinem Gehege durchgebuddelt. Mister Tent rief gleich bei uns an. Ich bin sofort losgefahren, um ihn zu suchen, genau so, wie er mich suchte.«
Andy fiel es nicht leicht, sich das vorzustellen. »Wußte er denn, wo du wohnst?«
»Klar! Längst!« sagte Max. »Er war oft bei uns im Garten, wenn ich Schularbeiten machen mußte.
An der Straße hab' ich ihn dann entdeckt. Zum Glück lief er ganz an der Seite.«
»Das kannte er bestimmt, weil du immer mit ihm radgefahren bist«, meinte Caroline.
Max nickte. »Aber da waren Bauarbeiter. Sie hatten gerade angefangen, die Straße zu verbreitern. Schon von weitem hab' ich gesehen, wie einer die Schaufel hob, als Vigo kam. Ich hab' gebrüllt und bin gerannt wie wahnsinnig. Vigo erschrak so, daß er quer über die Straße und auf der anderen Seite in den Graben geflitzt ist. Zum Glück!« erzählte Max.

»Der Mann mit der Schaufel schimpfte auf mich ein, und die anderen haben blödsinnig gelacht. So sind viele«, sagte er, und es klang sehr traurig. »Keine Ahnung, aber zuhauen! Die meisten Fischer würden Vigo auch am liebsten tot sehen.«
»Weil er Fische fängt«, murmelte Caroline bedrückt.
Max nickte heftig. »Klar. Dabei sind die Fische doch für alle da. Soll Vigo vielleicht im Supermarkt von seinem Taschengeld Otterfutter kaufen? Dabei fängt er höchstens ein, zwei Pfund am Tag. Höchstens! Und die holen mit zwei Mann an manchen Tagen siebzig Kilo aus dem Meer.« Er holte tief Luft.
»Und weil das so ist, haben wir beschlossen, daß Vigo bei mir wohnen bleiben soll. Mein Onkel ist gekommen, und wir haben das Gehege gebaut. Es ist otterausbruchsicher, und Vigo ist gern drin.«
Das hatten Andy und Caroline mit eigenen Augen gesehen. Vigo hatte richtig angegeben mit seinem eigenen Teich. Und jetzt gab er wieder an.
Des Rutschens müde, hatte Vigo anscheinend beschlossen, eine Tauchvorführung zu geben.
Sehen konnte man jedoch nicht viel, dafür aber um so mehr staunen, wie lange er unter Wasser blieb. Caroline wurde ganz nervös.
»Wie macht er das bloß?« fragte Andy, als Vigo einmal erst nach ungefähr dreieinhalb Minuten wieder an der Wasseroberfläche auftauchte. In der Schnauze hielt er einen Fisch.
Max zuckte mit den Schultern. »Manchmal bleibt er fünf Minuten unter Wasser, das ist aber das Äußerste. Wieso er das kann, weiß ich nicht. Er ist eben ein Fischotter.«
Vigo kletterte auf der anderen Seite des Flusses an einer flachen, sandigen Stelle an Land, um seine Beute zu verspeisen. Er gebrauchte seine Vorderpfoten sehr geschickt. Beinahe wie Hände, ging es Caroline durch den

Kopf. Und seine Zähne mußten furchtbar scharf sein, denn er biß in den Fisch, als wäre er aus Marzipan. Vigo fraß im Sitzen. Als er fertig war, leckte er säuberlich seine Pfoten und sein Fell. Auch die Barthaare wurden geputzt.
»Wie reinlich er ist!« meinte Andy.
Vigo beendete seine Körperpflege und stieg wieder in den Fluß. Zielstrebig, jedoch ohne Hast, überquerte er die Wasseroberfläche. Er sah sehr zufrieden aus. Max stand auf, Andy und Caroline ebenfalls.
»Euer Fluß ist wirklich schön«, versicherte Caroline Vigo. Der schüttelte jede Menge Wasser aus seinem Fell über ihre Schuhe.
Gemeinsam machten sie sich auf den Rückweg. Andy kam er wesentlich kürzer vor, als der Weg hin zum Fluß. Aber das ging einem ja oft so, wenn man einen Weg erst einmal kannte.
Als Andy und Caroline zu Hause eintrafen, waren Laura und Nani längst mit dem Streichen des einen Zimmers fertig. Sogar das, das Andy und Caroline im Stich gelassen hatten, war schon in Angriff genommen. Und Morton hatte fast die gesamte Vorderseite des Hauses von der abblätternden rosa Farbe freigekratzt.
Nun saßen die Erwachsenen bei einer Erdbeer-Sahne-Pause auf der hölzernen Veranda.
»Eigentlich habt ihr ja nicht eine einzige Erdbeere verdient«, meinte Nani. Gleichzeitig teilte sie aber zwei kleine Schüsseln aus.
»Habt ihr etwas gefangen?« wollte Morton wissen. »Ein paar schöne Forellen zum Abendbrot vielleicht?«
Caroline berichtete von Vigos Fang. Von der Kröte erzählte sie nichts. Sie wollte sich nicht noch einmal ekeln, schon gar nicht jetzt, wo sie Erdbeeren aß.
»Wir helfen euch gleich beim Streichen«, versprach Andy, bevor er eine besonders reife Erdbeere, die er sorgfältig mit einer Sahnehaube verziert hatte, in seinem

Mund verschwinden ließ. Genau wie Carolines Gewissen nagte auch seines etwas. Schließlich waren sie einfach abgehauen.
Noch am selben Tag wurde das kleine Zimmer fertig. Laura rollte die Decke, und Andy und Caroline malerten ganz allein den Rest.
»Uääh, bin ich müde!« Andy gähnte so ausgiebig, daß seine Mutter ihn erschrocken ansah.
Sie waren gerade mit dem Abendessen fertig, das Nani zubereitet hatte. Dann fiel es Laura wieder ein: Der Junge hatte ja die Nacht zuvor so schlecht geschlafen.
»Willst du ins Bett?«
Andy nickte. Morton sah ihn überrascht an. Nicht selten mußte er nämlich ein Machtwort sprechen, damit Andy das Zubettgehen nicht vergaß.
»Wo schläfst du?« fragte Laura.
»Oben«, war die Antwort. »Neben Carolines Zimmer.«
Andy verschwand. Seinen Schlafsack hatte er bereits am Morgen umquartiert.

Gespensterhauptversammlung

»He, wach doch endlich auf!«
»Was ist denn?« Verschlafen rieb sich Caroline die Augen. »Es ist doch noch mitten in der Nacht!« Andy stand neben ihrem Bett und sprach leise auf sie ein.
»Ja, gerade darum!« flüsterte er. »Ich habe mir extra den Wecker gestellt.«
»In den Ferien? Du spinnst wohl!« Caroline wollte sich umdrehen und weiterschlafen.
Aber Andy ließ nicht locker.
»Ich will rauskriegen, was das für ein Spuk ist.« Er hielt sie an der Schulter fest.
»Spuk?« Caroline war von einem Augenblick zum anderen hellwach. »Das komische Geräusch meinst du.«

Andy nickte. »Machst du mit?«
Seine Schwester zögerte. »Okay.« Sie stand auf und zog sich ein Sweatshirt über ihren Schlafanzug. Wenn es spannend wurde, fror sie immer.
»Paß auf, die Stufe!« warnte Andy, der die Treppe voran hinabging.
Er hielt eine große Taschenlampe in der Hand. Allerdings wagte er noch nicht, sie anzuknipsen. Die Eltern oder Nani könnten wach werden, und dann würden sie bestimmt zurück ins Bett geschickt.
»Hörst du was?« Andy drehte sich um.
Caroline lauschte. »Nicht einen Mucks.« Um so besser, dachte sie bei sich. Denn ganz wohl war ihr nicht bei dieser nächtlichen Spukgeräusch-Erkundungstour.
Vor dem Studierzimmer lauschten sie erneut.
»Ich mach' jetzt die Tür auf«, kündigte Andy an. Anscheinend fühlte auch er sich alles andere als wohl.
Im Studierzimmer war es dunkel und mucksmäuschenstill. Es roch nach Staub. Das war Andy in der letzten Nacht gar nicht aufgefallen.
»Ist doch alles ruhig«, flüsterte Caroline erleichtert und wollte sich schon wieder davonmachen.
Aber Andy hielt sie fest. »Genau so war es gestern auch, bevor es plötzlich losging«, teilte er ihr mit.
Und auf einmal ging es wirklich los! Man hörte ein Kratzen und hohles, schwaches Flügelschlagen. Dann war es wieder still. Caroline stand, leicht nach vorn gebeugt, wie angewurzelt da.
»Da hast du's!« murmelte Andy. Er war froh, nicht allein zu sein.
Es verging eine Weile, bis Caroline sich erholt hatte. »Von draußen kam das nicht«, flüsterte sie schließlich zögernd. »Und von drinnen . . .«
»Da!« unterbrach Andy sie. Das Geräusch setzte wieder ein. Diesmal war es schrappender, auf sonderbare Weise gequält. Auch dauerte es länger an.

»Weißt du, woher das kommt?« meinte Caroline, als es wieder still war. »Vom Kamin.«
Andy, der sich ebenfalls bemüht hatte herauszuhören, woher das Geräusch kam, war der gleichen Meinung. »Nur – der ist doch zu!«
Das stimmte. Der Vorbesitzer von Strawberry House hatte anscheinend keinen Wert auf einen richtigen Kamin im Studierzimmer gelegt und ihn mit einem Blecheinsatz verschließen lassen. Daneben war eine Steckdose angebracht. Man konnte jetzt nur noch einen elektrischen Heizofen in die Kaminwölbung stellen.
»Trotzdem kommt es von da«, beharrte Caroline. Sie flüsterte nicht mehr ganz so leise.
Als sie das Geräusch zum drittenmal hörten, war Andy restlos überzeugt. »Es muß etwas hinter dem Blech sein, etwas, das lebt.«
Aber wie war es dahin gekommen?
»Meinst du, eine Ratte hat sich durchgenagt?« fragte Caroline, und ihre Stimme klang wieder zaghaft.
Andy schüttelte den Kopf. »Die würde doch nicht so blöde sein, von gestern bis heute dort zu hocken.«
Das Argument zählte für Caroline nicht.
»Woher willst du wissen, ob sie die ganze Zeit da war? Vielleicht kommt sie nur nachts – in ihren Bau«, fügte sie betont hinzu.
Aber Andy war nicht überzeugt. Das Schrappen hatte erschöpft, irgendwie eingeklemmt geklungen.
»Es könnte ein Vogel sein«, sagte er bedächtig. »Vielleicht ist er von oben durchgefallen. Und jetzt ist er festgeklemmt und hat nicht genug Platz, seine Flügel auszubreiten.« Ja, das war es! Genau so hatte das Geräusch geklungen. Wie Flügel, die immer wieder gegen ein Metallblech schlugen.
»Wir müssen etwas tun!« sagte Caroline eindringlich. Aber was? Wenn sie die Eltern oder Nani weckten, würden sie bestimmt erst mal zurück ins Bett geschickt.

Das wäre sehr enttäuschend und für den Vogel möglicherweise tödlich.
»Max!« entfuhr es Caroline. Er wußte bestimmt, was zu tun war.
»Aber wir können doch nicht mitten in der Nacht . . .« Andy zögerte.
»Hast du vielleicht eine bessere Idee?« fragte Caroline ihren Bruder. Nein, das hatte er nicht.
Beide schlichen zurück in ihre Zimmer, um Trainingsanzüge anzuziehen.
»Fertig?« Andy stand in Carolines Zimmertür. Caroline war längst fertig. Leise stahlen sie sich aus dem Haus.
Draußen war es nicht besonders kalt, dafür aber reichlich dunkel.
»Von Mondlicht keine Spur«, knurrte Andy. So lässig, wie das klingen sollte, klang es aber nicht. Denn es war unheimlich, draußen in nächtlicher Dunkelheit etwas zu unternehmen. Alles war so anders.
»Bestimmt gewöhnt man sich daran«, meinte Caroline mutig, schluckte aber auch. Sie gingen los.
In der Einfahrt sammelte Caroline schnell noch ein paar Kieselsteine auf.
»Damit wir etwas haben, das wir gegen seine Fensterscheibe werfen können«, sagte sie.
An der Landstraße war es totenstill, nur der Wind rauschte in den Bäumen. Sie begegneten niemandem, nicht einmal einer Maus. Als sie das Haus erreichten, in dem Max wohnte, schrie ausgerechnet eine Eule. Wie zur Bekräftigung ertönte ein schriller Pfiff.
»Das war Vigo«, flüsterte Caroline. »Hoffentlich hat er nicht alle aufgeweckt.« Sie versteckten sich hinter einer dichten, zylindrisch gewachsenen Zypresse und warteten. Nichts rührte sich.
»Laß mich werfen«, meinte Caroline.
Andy nickte und trat zurück. Seine Schwester klaubte die Kieselsteine zusammen.

»Vielleicht reicht ja schon einer«, meinte sie. Genauso war es. Sekunden, nachdem der Kieselstein sein Ziel erreicht hatte, erschien der Kopf von Max am Fenster.
»Komm runter!« rief Andy leise und machte eine ausholende Bewegung mit dem Arm.
Max' Kopf verschwand. Die Worte hatte er nicht verstanden, dafür aber das Zeichen. Zwei Minuten später stand er angezogen in der Tür.
»Was ist?« fragte er. »Irgendwas passiert?«
Caroline nickte. »Bei uns ist ein Vogel hinter der Kaminverkleidung eingeklemmt.«
»Schon seit gestern«, ergänzte Andy. »Aber da hab' ich noch geglaubt, es wäre ein Traum oder ein . . .«
» . . . Spuk«, unterbrach ihn Caroline. »Wir müssen ihn unbedingt befreien, bevor er stirbt.«
»Hilfst du uns?« fragte Andy.
Max nickte. »Bestimmt brauchen wir Werkzeug«, murmelte er. »Was du Kaminverkleidung nennst, ist das so ein eingeschraubtes Blech?« fragte er Caroline.
»Blech, ja. Aber eingeschraubt?« Sie zuckte mit den Schultern. Auch Andy hatte nicht darauf geachtet.
»Dann nehmen wir am besten den ganzen Werkzeugkasten mit«, bestimmte Max. Er verschwand im Schuppen und kam gleich darauf mit einem kleinen blauen Kunststoffkoffer zurück.
»Wenn es einzementiert ist, kann ich nichts tun«, informierte er die beiden vorsorglich.
Alle hofften, daß es nicht so war.
»Du warst aber schnell am Fenster«, meinte Andy, während sie die Landstraße entlangtrabten.
Inzwischen hatten sich seine und auch Carolines Augen an die Dunkelheit gewöhnt. Auch das bange Gefühl war weg. Hatte es damit zu tun, daß Max bei ihnen war?
»Ich hab' Vigo pfeifen hören. Es war sein Warnpfiff. Der macht mich immer wach«, erklärte Max. »Und dann kam ja gleich euer Kieselstein geflogen.«

Sie waren da. In der Einfahrt zu Strawberry House war es kühler und feuchter. Der Kies knirschte unter ihren Schuhen.
»Leise!« zischte Andy.
Bis sie am Haus angekommen waren, sagte keiner mehr etwas. »Ich gehe vor«, flüsterte Andy und schlüpfte durch die Tür. Drinnen war alles still. »In Ordnung, ihr könnt kommen!«
Max und Caroline gingen ihm leise nach.
Vor der Tür zum Studierzimmer hob Andy seine Taschenlampe hoch. Er drückte die Klinke hinunter, und die drei schoben sich ins Zimmer. »Tür zu!«
Caroline gehorchte.
Sie lauschten. Es war und blieb mucksmäuschenstill.
»Also, ich höre nichts«, sagte Max endlich. »Seid ihr ganz sicher?«
Andy nickte. »Absolut!«
In dem Augenblick begann ein schwaches Kratzen, das in ein Schrappen überging. Danach war es wieder still.
Max packte seinen Werkzeugkoffer und ging auf den Kamin zu.
»Besser, wir beeilen uns«, sagte er und kniete bereits vor der Verkleidung.
Sie war eingeschraubt. Zum Glück!
Max wählte einen mittelgroßen Schraubenzieher und begann zu arbeiten. Bei der ersten Schraube rutschte er zweimal ab. Die Geräusche, die er dabei machte, waren nicht gerade leise.
»Mist!« schimpfte er, und Andy, der die Taschenlampe hielt, bemühte sich, ihm besseres Licht zu geben.
»Da kommt bestimmt viel Dreck mit raus«, warnte Max die beiden vor, während er weiterschraubte. »Sand und Kalk und so.« Caroline zuckte mit den Schultern.
»Uff!« Max stöhnte. Die letzte Schraube war gelöst. »Wenn ich das Blech abziehe, mußt du gleich dahinterleuchten.« Andy nickte.

»Und du greifst rein und holst ihn raus.« Max sah Caroline an. »Sonst flattert er erst mal zehn Runden im Zimmer herum und stößt sich überall, bevor wir ihn erwischen.«
Caroline war einverstanden. »Solange es kein Habicht ist, der mich hackt.«
Max verdrehte die Augen. »Du kommst vielleicht auf Ideen! – Wollen wir wetten, daß es eine Taube ist? Aber wenn du nicht willst, hol' ich sie raus.«
»Nein, kommt nicht in Frage!« Caroline war fest entschlossen.
»Okay, dann zieh' ich jetzt das Blech ab.«
Aber so einfach ging das nicht. Max hatte zwar mit seinem Schraubenzieher das Blech an den Seiten so weit aus dem Kamin gelöst, daß er dahinterfassen konnte, dennoch rührte es sich nicht. Erneut setzte er den Schraubenzieher an.
»Weiter hinten!« empfahl Andy. Max schob sein Werkzeug so weit hinter das Blech, wie es nur eben ging. Ein schwaches Flattern war zu hören.
»Macht schnell!« drängte Caroline. »Sonst stirbt er noch vor Angst.«
Max gab Andy seinen Schraubenzieher. Wieder versuchte er, mit den Händen das Blech abzuziehen. Ein lautes, schrappendes Geräusch war das Ergebnis, mehr nicht. Dafür war jetzt das Blech total verklemmt.
»Oje!« Caroline stöhnte. Alle drei lauschten angestrengt.
»Mit dem Lärm hättest du Tote wecken können!« zischte Andy.
Es klang aber erleichtert, denn anscheinend hatte das Geräusch Nani und die Eltern nicht geweckt.
Max, dem klargeworden war, daß seine Kraft allein nicht reichte, meinte voller Zuversicht: »Wenn ihr beide mithelft, schaffen wir's.« Andy legte die Taschenlampe und den Schraubenzieher weg. Gemeinsam zogen sie.

Es knirschte ordentlich, und Kalk rieselte, aber das Blech bewegte sich. Der gefangene Vogel hinter der Kaminverkleidung ebenfalls. Es klang kräftiger. Er hatte jetzt mehr Platz.
»Paß auf!« warnte Max Caroline, die außen auf der linken Seite hockte. »Greif ihn, sobald du kannst!« Er strengte sich noch einmal mächtig an, zog, und das Blech war frei.
Blitzschnell wie ein kleiner Terrier schob sich Caroline in die düstere Kaminhöhle.
Kalkstaub nebelte sie ein.
Der Vogel war noch viel zu überrascht, um zu begreifen, daß er frei war. So vorsichtig es ging, packte Caroline zu. Es war eine Taube.
»Ich hab' sie!« Rückwärts und in gebückter Haltung kam Caroline hinter der Kaminverkleidung vor. Dick und weich und rund, mit klopfendem Herzen saß die Taube in ihren Händen. »Hier!«
In dem Augenblick öffnete sich die Tür, das Licht ging an, und Morton stand im Zimmer. »Was zum Teufel ist hier los?«
»Max, was machst du denn hier?« Auch Laura erschien und Nani ebenfalls.
Andy, Max und Caroline standen wie vom Donner gerührt.
»Wi – wir haben eine Taube befreit. Sie war hinter dem Kaminblech eingeklemmt«, erklärte Andy, als er wieder sprechen konnte.
»Hier!« sagte Caroline noch einmal. Diesmal klang es jedoch nicht so triumphierend.
Laura hatte sofort Mitleid. Morton aber war noch viel zu sehr in Fahrt, um sich zu beruhigen.
»Und das muß mitten in der Nacht sein, heimlich und mit der Assistenz von Max?«
»Wir wollten euch nicht wecken«, sagte Caroline kleinlaut.

»Ach! Ihr macht Krach wie auf einer Gespensterhauptversammlung, daß der Kaminschacht nur so dröhnt, und glaubt, wir hören nichts? – Falls ihr es nicht gewußt habt, der Kamin in unserem Schlafzimmer hat denselben Abzug wie dieser.«
Max nickte fast unmerklich. Darauf hätte er auch kommen können.
»Ich glaube, ich gehe jetzt besser«, murmelte er, rührte sich jedoch nicht. Das war auch besser so, denn Morton hatte sich noch immer nicht beruhigt.
»O nein!« sagte er. »Jetzt lassen wir zuerst dieses . . .« Er zögerte, bevor er weitersprach. » . . . Tier frei. Und dann bringe ich dich nach Hause. Oder glaubst du vielleicht, daß wir ein Kind von – wie alt bist du?«
»Zwölf«, antwortete Max.
» . . . ein Kind von zwölf Jahren allein durch die Dunkelheit stapfen lassen?«
Caroline atmete erleichtert auf. Jetzt war das Schlimmste überstanden.
Sie kannte ihren Vater. Schweigend ging sie um ihre Eltern und Nani herum zur Tür hinaus.
»Kann mir bitte jemand die Verandatür aufmachen?« rief sie. Die Taube hielt sie immer noch in ihren Händen. Laura kam.
»Einfach nur loslassen?« fragte Caroline Max. Mittlerweile hatten sich alle auf der Veranda eingefunden.
Max nickte. »Du kannst sie aber auch auf die Erde setzen.« Aber die Taube wollte lieber fliegen.
Kaum hatte Caroline ihren Griff gelockert, flatterte sie los, zielstrebig und ohne die geringste Behinderung. So, als wären die vielen Stunden hinter der Kaminverkleidung nie gewesen.
»Na, die hat bestimmt erst mal die Nase voll von Schornsteinen«, gab Andy von sich.
»Sie hätte sich wenigstens noch einmal umdrehen können«, meinte Caroline, und es klang etwas enttäuscht.

Max ging zum Studierzimmer zurück, um sein Werkzeug einzupacken.
»Wenn Sie wollen, setze ich Ihnen das Blech morgen wieder ein«, bot Max vorsichtshalber Morton an, der auf ihn wartete.
»Nein, danke. Das machen wir schon selbst.« Inzwischen tat es ihm leid, daß er Max so angeherrscht hatte. In Schlafanzug und Bademantel fuhr er ihn nach Hause. Kurz vor der Einfahrt hielt er. Max' Eltern brauchten nicht auch noch wach zu werden.
Als Morton wiederkam, waren Andy und Caroline im Bett.
Auch Nani hatte sich wieder zurückgezogen.
»Wenigstens eine, die auf mich wartet«, knurrte er freundlich, als er Laura sah, die zerbröselten Mörtel und ein paar Federn auf einer Plastikschaufel in die Küche trug. Dann legten sich auch die beiden wieder hin.

Was reimt sich auf »kleines Schwein«?

Am nächsten Morgen war der Vorfall mit der Taube schon beinahe vergessen, für Morton wenigstens. Er meinte nur, man müsse einmal einen Schornsteinfeger kommen lassen, denn wer könne wissen, was sich sonst noch an Getier in den Kaminen befand.
Nach dem Frühstück wurde weiterrenoviert. Nani setzte sich an die Nähmaschine und nähte Gardinen für das kleine Zimmer, das am Vortag gestrichen worden war. Und Laura hatte, weil wunderschönes Wetter war, die Fenster ausgehängt, um sie zu streichen.
Morton, der sich vorgenommen hatte, für diesen Abend eine Erdbeerbowle anzusetzen, bekam Hilfe von Andy und Caroline, die sich anboten, ihm beim Abkratzen des alten rosa Außenanstriches zur Hand zu gehen. Zunächst wurden sie zum Erdbeerpflücken eingeteilt.

»Wie viele brauchst du?« wollte Caroline wissen.

»Viele«, war die Antwort – mit dem Erfolg, daß die beiden nach einer Stunde mit vier bis fünf Pfund Erdbeeren erschienen.

Das war für eine Bowle natürlich viel zuviel. Großzügig traten sie mehr als die Hälfte davon Laura ab, für eine Erdbeertorte.

»Und wer bäckt die?« fragte sie mit einer Stimme, als hätte sie vom Tortenbacken keine Ahnung.

»Ich«, meldete sich Nani, die gerade zum Luftschnappen auf die Veranda gekommen war. Sie nahm alle Erdbeeren mit und erklärte sich sogar bereit, Mortons Anteil mit zu waschen und zu putzen.

»Und das nennt er nachher Bowle machen«, raunte Andy Caroline zu. »Erdbeeren in ein Glas tun und darüber Wein und Sekt gießen. Ist doch kinderleicht!«

»Aber abschmecken muß man sie auch«, gab Caroline zu bedenken.

»Ja, natürlich!« Andy lachte. »Dafür braucht er bestimmt am längsten.«

Caroline zuckte mit den Schultern. Ihr war das ganze Getue um die Bowle einerlei. Sie bekamen sowieso nur wenig mit Selterswasser verdünnt, und das schmeckte kein bißchen interessant. Da freute sie sich schon eher auf die Torte.

Weil Nani in ihrer Krimskramskiste nur zwei Spachteln mitgebracht hatte, nahm Caroline eine Drahtbürste, um beim Entfernen der alten Farbe mithelfen zu können.

Wie gut, daß Mami auf der anderen Seite malerte, dachte sie. Sonst würde sie schimpfen, wenn ihr Farbreste auf die frischgestrichenen Fensterrahmen wehten.

Die Erdbeertorte, die Nani herstellte, war so riesig, daß Andy und Caroline ein großes Stück für Max mitnahmen, als sie vom Kaffeetisch aufstanden. Sie wollten ihren Freund besuchen, um sich bei ihm für die Taubenrettung zu bedanken.

»Hoffentlich ist er nicht sauer, weil Popsi gestern so geschimpft hat«, meinte Caroline, als sie um den Schuppen, an dessen Rückseite Max' Vogelhäuser hingen, herum nach hinten gingen. Wenn er zu Hause war, hielt er sich bestimmt dort auf.
Als erstes trafen sie jedoch nicht Max, sondern ein kleines Mädchen, das an einem Gartentisch auf der Terrasse saß und malte. Sie hatte glatte, ganz rote Haare und große blaue Augen, rund wie Murmeln.
»Seid ihr die neuen Freunde von Max?« fragte sie, ohne mit dem Malen aufzuhören und bevor Andy oder Caroline etwas sagen konnten.
Anscheinend malte sie sehr gern, denn auf dem Tisch lagen schon eine Menge Bilder.
»Ja«, gab Andy Auskunft. »Und wer bist du?«
»Ruth«, war die Antwort. »Max ist dahinten bei Vigo.« Das kleine Mädchen zeigte mit einem Buntstift dorthin, wo sich Vigos Gehege befand.
»Aha«, machte Andy, und er und Caroline stiefelten durchs hohe Gras in Richtung Hintergarten.
Max hatte die beiden schon gesehen, Vigo ebenfalls. Als sie kamen, schnatterte er aufgeregt und warf sich mit einem Bauchklatscher in seinen Teich.
»Gib nicht so an!« rief Max ihm zu. Er saß auf einem Gartenstuhl neben Vigos Hütte, deren Dach ihm als Schreibunterlage diente wie ein Pult. Darauf befand sich ein großer Bogen gelb-orange gestreiften Zeichenkartons und, in gefährlicher Schräglage, eine Schale voller Kirschen.
»Heute ist bei euch wohl Maltag«, bemerkte Andy und grinste breit.
»Hier, wir haben dir ein Stück Erdbeertorte mitgebracht.« Caroline reichte ihm den Teller.
»Danke!« Überrascht nahm Max das Mitbringsel entgegen. »Alles in Ordnung bei euch mit dem Kamin und so?« fragte er vorsichtshalber.

Andy nickte. »Sie überlegen noch, ob das Blech überhaupt wieder eingesetzt werden soll, weil sie einen richtigen Kamin viel schöner finden.«
»Ich finde einen richtigen auch schöner«, beteuerte Caroline.
»Was machst du da eigentlich?« wollte Andy wissen und deutete auf das Stück Zeichenkarton, das in merkwürdiger Spaltenanordnung bemalt und beschrieben war.
»Ich stelle eine Zeitung her«, antwortete Max, während er das Tortenstück in zwei gleiche Hälften teilte.
»Was?« Caroline traute ihren Ohren nicht.
»Ach, spinn doch nicht!« entfuhr es Andy.
Max aber blieb gelassen. »Doch, ehrlich! Sie heißt Zebra-Zeitung, und ich schreibe sie für Ruth. Das ist meine Schwester«, fügte er hinzu, obwohl es eigentlich überflüssig war, denn Andy und Caroline hatten sich das schon gedacht.
»Sie ist sechs«, fuhr Max fort, »und sie ärgert sich, daß es für Kinder keine richtige Zeitung gibt. Da hab' ich beschlossen, eine zu machen, nur für sie. Ruth ist sehr clever«, fügte er fast flüsternd hinzu. »Als sie vier war, konnte sie schon lesen. Keiner hat es ihr beigebracht.«
Andy schaute beeindruckt. Caroline fand die Sache einfach umwerfend.
»Und wie oft kommt deine Zeitung raus?« fragte sie fast ehrfurchtsvoll.
»Das ist ganz verschieden«, antwortete Max. »Wenn ich keine Lust hab', kommt auch keine raus, oder wenn keine Zebra-Bögen da sind.«
Caroline hatte sich schon gewundert, woher Max dieses merkwürdige Papier bekam, gelb-orange gestreift!
»Ich bekomme es geschenkt, im Spielwarengeschäft«, klärte Max sie auf. »Die kriegen immer welches, wenn eine neue Lieferung Zeichenkartons kommt, gratis, als Trennbögen zwischen den verschiedenen Sorten. – Habt ihr Appetit auf Kirschen?« Er nahm die Schüssel

von Vigos Hüttendach und reichte sie Caroline. »Ihr könnt ruhig alle essen.«
Es waren schöne schwarze Kirschen, und Andy und Caroline langten ordentlich zu.
»Wenn ihr wollt, könnt ihr mir helfen«, sagte Max. »Ich suche Reime.«
»Auf was denn?« fragte Caroline.
»Auf kleines Schwein«, war die unglaubliche Antwort, und Andy hätte um ein Haar zwei Kirschen unzerkaut mit Kern verschluckt.
»Was reimt sich alles auf kleines Schwein?« fuhr Max nachdenklich fort.
Caroline hatte sich also nicht verhört. Eben noch war sie unsicher gewesen.
»Bis jetzt habe ich: Stell mir ja kein Bein, kleines Schwein! – Das finde ich nicht fein, kleines Schwein!«
»Ich bin so allein, kleines Schwein!« entfuhr es Caroline, und sie sah aus, als sei sie über sich selbst erstaunt.
»Toll!« Max freute sich und schrieb gleich den neuen Reim in die für die Schweinereime vorgesehene Spalte.
Vigo kam auf Caroline zugehopst.
»Paß auf!« warnte Max sie. »Kann sein, daß er einen Kirschmund hat.«
Vorhin hatte er nämlich für Vigo drei Kirschen entsteint, weil der so interessiert gewesen war, als Max welche aß und Kerne ins Gras spuckte.
»Na und!« meinte Caroline. »Ich will ihn doch nicht küssen.«
Max schaute angestrengt auf seine Streifenpappe.
»Sei nicht so gemein, kleines Schwein!« sagte Andy mit so tadelnder Stimme, daß Caroline ihn erschrocken anschaute.
»Das kann gar nicht sein, kleines Schwein!« knallte sie ihm jedoch nach wenigen Bedenksekunden triumphierend an den Kopf.
Max kritzelte eifrig.

Eine Weile war es still. Nur Vigo raschelte. Er hatte seinen langvermißten Golfball im Gras wiederentdeckt.
»Jetzt fällt mir nichts mehr ein, kleines Schwein«, sagte Andy, und es klang sehr echt.
»Das kann doch wohl nicht sein, kleines Schwein«, antwortete Caroline frech.
»Sieh das doch endlich ein, kleines Schwein!« konterte ihr Bruder.
»Nein, kleines Schwein!« erwiderte Caroline trotzig.
»Du bist wirklich ein kleines Schwein«, murmelte Andy schlapp. Max schrieb und schrieb und schrieb.
»Das war bärenstark!« sagte er, als er den letzten Satz verewigt hatte.
»Schweinestark meinst du wohl«, korrigierte Andy.
»Bestimmt kann ich wochenlang keinen Schweinebraten essen«, murmelte Caroline.
Max nahm einen rosa Wachsmalstift und malte ein klitzekleines Schwein als Abschluß unter seine Reime.
»Was soll das Ganze überhaupt?« fiel es Andy ein.
»Ruth hat einen Leserbrief an die Zebra-Zeitung geschrieben«, antwortete Max. »Sie wollte wissen, was sich alles auf kleines Schwein reimt.«
»Ahmm«, machte Andy. »Schreibt sie öfter solche Leserbriefe?«
»Manchmal, um mich zu erinnern, daß ihre Zeitung lange nicht erschienen ist, oder weil sie wirklich etwas wissen will.«
»Was sich zum Beispiel auf kleines Schwein reimt«, hakte Andy nach.
Max schüttelte den Kopf. »Nein, das ist nur ein Spiel. Oft will sie auch richtige Dinge wissen, welche Tiere tote Fliegen fressen oder so.«
Andy schaute zu Ruth hinüber. Die saß immer noch und malte. »Komisches Kind«, murmelte er. »Was malt sie eigentlich?«
Max sah von seiner Arbeit auf.

»Im Moment malt sie Vigo, stundenlang und von allen Seiten.«
»Du schreibst ja schon wieder was!« rief Caroline aus.
»Mach lieber mal 'ne Pause«, empfahl Andy. »Die Erdbeertorte wird sonst kalt.«
»Quatsch!« zischte Max. »Ich will nur noch . . .« Mehr sagte er nicht.
Caroline stand von ihrem Grasplatz auf und guckte über seine Schulter.
»Florence, der Floh«, stand da als Überschrift. »Fortsetzungsgeschichte. Die Namen aller Flöhe fangen mit Flo an. Florence, Flora, Florentine, Florian.
Weil es nicht so viele Namen mit Flo gibt, heißen die Flöhe auch manchmal Florian, der Erste, Zweite, Dritte und so weiter.
Der Floh, von dem die Geschichte handelt, heißt Florence. Sie hat einen braunen Körper und glänzende, schwarze Beine.
Florence lebt von Blut, Tierblut. Sie macht eine kleine Öffnung in die Tierhaut und trinkt es mit ihrem Rüssel wie mit einem Strohhalm.« Caroline schauderte.
»Einmal, als sie gerade wieder Hunger hatte, sprang sie auf einen großen, zotteligen Hund. Der sieht gemütlich aus, dachte sie. Der kann ein Tröpfchen Blut bestimmt entbeeren.«
»Entbehren schreibt man mit h«, belehrte Caroline Max. Der nahm einen Radiergummi, ließ das eine e verschwinden und setzte ein h dafür ein.
»Jetzt weiß ich nicht mehr, was ich schreiben wollte«, murmelte er und kaute seinen Bleistift. Dann fiel es ihm wieder ein.
»Florence hatte es sich gerade in dem Fell des zotteligen Hundes gemütlich gemacht, als sie bemerkte, daß große Augen auf sie starrten, wenigstens kam es ihr so vor. Aber das war noch nicht alles. Plötzlich tauchte ein riesiges Gebiß mit fürchterlichen Zähnen auf und ruckte und

rüttelte genau an dem Stück Fell, in das Florence sich eingekuschelt hatte. Sie hechtete zur Seite, im letzten Augenblick. Aber da waren sie schon wieder, die fürchterlichen Zähne. Ganz nah! Florence floh entsetzt. Sie zitterte am ganzen Körper. Um ein Hundehaar, und die Zähne hätten sie erwischt. Plötzlich spürte sie ein Schaukeln, dann ein Knirschen und – was war das? Alles um sie herum wurde dunkel.
Fortsetzung folgt«, schrieb Max.

Caroline stöhnte. »Das kannst du doch nicht machen! Gerade jetzt, wo es spannend wird!«

»Kann ich wohl«, antwortete Max, drehte sich auf seinem Stuhl herum und machte sich seelenruhig über eine Hälfte des Tortenstücks her.

»Und wann erfährt man, wie es weitergeht?« wollte Caroline wissen.

»In der nächsten Ausgabe der Zebra-Zeitung.«

»Oooh!« Sie konnte es nicht fassen. »Aber du weißt es doch!«

Max aß mit Genuß. »Nö!« sagte er. »Ich denk's mir aus, wenn es soweit ist.« Andy, der inzwischen Florences Geschichte nachgelesen hatte, grinste.

Max verdrückte seinen letzten Bissen Torte und stand dann auf.

»Wo gehst du hin?« wollte Caroline wissen.

»Zu Ruth«, antwortete Max. »Sie kriegt die andere Hälfte von dem Tortenstück.«

Andy und Caroline folgten ihm. Andy war neugierig auf Ruths Malereien.

Der ganze Tisch war schon mit bemalten Bögen bedeckt. Auf den meisten war tatsächlich Vigo abgebildet. Vigo in seinem Teich, Vigo, wie er auf einem Stein stand, Vigo mit einem Fisch, Vigo, wie er zusammengerollt in seiner Hütte schlief.

Es gab aber noch andere. Eins, das einen Fluß und eine Brücke zeigte, und eins mit einem schönen Segelboot.

Auf allen Bildern stand Ruths Name. Etwas krakelig und nicht sehr gerade, aber es war ja auch nicht leicht, ohne Linien ordentlich zu schreiben.
»Das hier ist toll!« rief Caroline und nahm das Blatt hoch, auf dem Vigo schlafend abgebildet war. »Ich finde es schwer, ein Tier zu malen, das sich zusammengerollt hat.«
Ruth sah sie mit ihren großen Murmelaugen an.
»Is' auch schwer. Deshalb hab' ich vorher geübt.« Sie nahm Caroline das Bild aus der Hand und drehte es herum. Die Rückseite war vollgemalt mit angefangenen und verunglückten Kritzeleien. Einmal sah Vigo aus wie eine Mischung aus einem Mandelhörnchen und einer Frikadelle, und ein anderesmal ähnelte er einer Blindschleiche mit Bauchweh. Nein, da war das Bild auf der Vorderseite wirklich schöner.
»Hier, Torte für dich!« sagte Max und schob zwei Bilder zusammen, damit der Teller auf dem Gartentisch noch Platz fand.
»Wenn du willst, kannst du das Bild behalten«, bot Ruth Caroline an und nahm den Teller.
»Ich würde es gern haben«, sagte die überrascht. »Aber willst du es denn nicht mehr?«
»Och, ich hab' ja noch so viele«, antwortete Ruth. »Außerdem kann ich neue malen, auch Schlafbilder.«
»Und wo hast du das Bild mit dem Segelschiff gemalt und das mit der Brücke und dem Fluß?« fragte Andy.
»Bei Tante Kathy«, war die Antwort.
»Das ist die, die in Putney wohnt«, ergänzte Max.
Klar! Inzwischen hatte Andy auch erkannt, daß die Themsebrücke bei Putney auf dem Bild zu sehen war.
»Da fehlt aber noch die Würstchenbude, hier!« Er zeigte auf den vordersten Rand der Malerei.
»Von der Bude aus hab' ich es doch gemalt!« verteidigte sich Ruth. »Wenn du ein Bild aus einem Fenster malst, malst du doch das Fenster auch nicht mit, oder?«

Zugegeben. – Obwohl Andy fand, daß das nicht zu vergleichen war.
»Die Torte is' lecker«, sagte Ruth und wandte sich Max zu. »Wann kommt meine Zeitung raus?«
»Heute nicht, morgen vielleicht«, antwortete ihr Bruder. »Ich will noch mit Vigo an den Strand. Kommst du mit?« Ruth schüttelte den Kopf.
»Ihr?« Max wandte sich Andy und Caroline zu.
Was für eine Frage! Natürlich kamen sie mit.
»Dann könnt ihr mein Fahrrad nehmen«, bot Max großzügig an. »Ich nehm' das von Mutter. Ich muß nur schnell Bescheid sagen.«
Er rannte ins Haus.
Vigo, der die ganze Zeit über sehr ruhig gewesen war, schnatterte vor Freude. Etwas Schönes stand bevor. Das spürte er.

Vigo verschwindet

Caroline saß vor Andy auf der Fahrradstange, während Vigo an Max' Seite trabte.
»Der eine rennt, der andere wird gefahren«, hechelte Andy. Weil die Straße steiler wurde, mußte er jetzt stärker in die Pedale treten.
Auch er und Caroline sagten zu Hause Bescheid, wohin sie fuhren, bevor es weiterging. Caroline lud gleichzeitig das Bild ab, das sie von Ruth bekommen hatte.
Der Strand war menschenleer. Andy und Caroline staunten. Bisher waren sie nur an Stränden gewesen, wo es von Menschen wimmelte.
Vigo lief, wie immer, ohne sich noch einmal umzusehen, schnurstracks auf seinen Felsen zu. Diesmal waren die Wellen etwas höher. Er richtete sich auf und schaute fasziniert. Es sah fast so aus, als bewunderte er das Panorama. In Wirklichkeit aber wartete er nur auf eine be-

sonders große Welle, um auf ihr ins Meer zu gleiten, wo die schönsten Abenteuer warteten.
Endlich kam so eine Welle. Vigo sprang genau im richtigen Moment.
Wie ein Akrobat nutzte er den Schwung. Die Welle trug ihn, und er schoß in ihrem Schwall dahin, übermütig, voller Lebensfreude.
»Es sieht aus, als ob er lacht«, bemerkte Andy.
Viel zu schnell erschöpfte sich die Kraft der Welle. Vigo aber war noch lange nicht erschöpft. Im Gegenteil, jetzt begann das Spiel erst, richtig Spaß zu machen. Er sauste zurück zu seinem Felsen und wartete erneut auf genau den richtigen Augenblick.
Viele Wellen ritt Vigo noch. Vorher aber setzte er Kraft, Geschick und eine Portion Übermut daran, Fisch-Lekkerbissen nachzujagen. Dazu durfte man nicht müde sein. Sonst blieb der Magen leer.
Caroline hatte inzwischen eine ganze Hosentasche voller Muscheln. Jetzt sammelte sie kleine, gelb-orangefarbene Schneckenhäuser, die zwar leicht zu entdecken, dafür aber nicht so häufig waren. Max half ihr dabei. Andy probierte, Steine über die Wasseroberfläche hüpfen zu lassen. Aber nicht einer wollte richtig springen. Die Wellen waren wohl zu hoch.
»Wo ist Vigo?« fragte Max und blickte suchend übers Meer. »Kann ihn einer von euch entdecken?«
»Eben hab' ich ihn noch gesehen«, behauptete Caroline. Aber das war in Wirklichkeit schon etwas länger her.
»Sicher taucht er gerade«, meinte Andy.
Max nickte, und sie warteten, eine Minute, zwei, vier, sechs. Nirgends tauchte Vigo auf.
»Kann ihm unter Wasser etwas passiert sein?« fragte Caroline besorgt.
Max schüttelte den Kopf, ganz langsam.
Gleichzeitig rieb er die beiden kleinen Narben an seiner Hand.

»Jedenfalls liegen hier keine Netze und auch keine Reusen«, sagte er.
»Ruf doch mal ganz laut«, schlug Andy vor.
Das war ein guter Einfall, und Max brüllte aus vollem Hals: »Vigo!« Sie warteten. Nichts rührte sich jedoch. Kein Otterkopf erschien an der Wasseroberfläche. Kein Vigo kam schnatternd auf sie zugerannt.
»Noch mal!« forderte Andy Max auf.
Der rief erneut so laut er konnte. Ohne Erfolg.
»Ist er schon mal weg gewesen?« fragte Caroline.
»Noch nie! Er ist immer da, wo ich bin«, antwortete Max, und es klang ratlos.
»Vielleicht wurde es ihm langweilig, weil wir uns nicht um ihn gekümmert haben, und ist deshalb in die nächste Bucht geschwommen«, gab Andy zu bedenken. Das war eine Möglichkeit.
»Kommt man vom Strand aus um die Felswand herum in die nächste Bucht?« fragte Caroline.
Max nickte. »Vielleicht kriegen wir nasse Füße, aber mehr auch nicht. Es ist jetzt keine Flut.«
Zu dritt machten sie sich auf den Weg. Vorbei an Vigos Felsen, der scheußlich verlassen dalag, marschierten sie auf die zerklüftete Steilwand zu, die am Ende der halbmondförmigen Bucht bis fast ins Wasser ragte.
»Zehn Zentimeter breiter Strand«, stellte Andy fest und zog hastig seinen Fuß weg, als die nächste Welle kam.
Ein Stück noch zwischen riesigen, verstreut liegenden Felsbrocken hindurch, und die drei waren in der nächsten Bucht. Sie ähnelte sehr der vorigen. Nur war der Strand weitläufiger, und es gab keine Fischerboote.
»Hier sind Spuren!« rief Caroline. Sie erinnerte sich an die, die Vigo am Fluß hinterlassen hatte, und diese hier sahen genauso aus.
»Das sind Vigos Spuren«, bestätigte Max.
An einigen Stellen hatten sich sogar die Schwimmhäute des Otters abgedrückt.

Während Max und Andy die Spuren untersuchten, lief Caroline weiter.
»Hier sind mehr, viel mehr!« rief sie.
Die beiden Jungen kamen angerannt. »Das sind Spuren von zwei Ottern!« stieß Max überrascht aus, als er Carolines Entdeckung begutachtet hatte. Und wirklich waren hier größere und kleinere Abdrücke.
»Welche wohl Vigos sind?« Andy überlegte. »Vielleicht sind die großen von dem anderen, und er hat Vigo weggejagt.«
»Glaube ich nicht«, sagte Max, nachdem er einen Augenblick darüber nachgedacht hatte. »Bestimmt wäre er dann zu uns zurückgekommen. Und außerdem würden hier noch viel mehr Spuren sein, Kampfspuren, Körperabdrücke und so.«
Die größeren mußten also Vigos sein.
Die drei gingen den Spuren nach. Ein ganzes Stück führten sie parallel zur Wasserlinie am Strand entlang. Auf einmal jedoch knickte die Fährte ab und endete im Meer.
»Schöner Mist!« murmelte Andy. Max war ganz still. Er blickte so angestrengt übers Meer, als wolle er dadurch seine Sinne schärfen. Dann wieder blickte er dorthin zurück, von wo sie gekommen waren.
»Vielleicht ist ein Weibchen aufgetaucht«, sagte Caroline leise. »Könnte das nicht sein?«
Max nickte langsam. »Könnte sein.« Zwar hatte er nun schon seit mehr als einem Jahr in der Gegend ringsumher keine Otterspuren mehr gesehen, aber warum sollte nicht doch mal einer auftauchen? Es könnte ja einer zurückgekommen sein. Unmöglich war es nicht.
»Ich will noch ein Stück weitergehen«, sagte er. »Vielleicht fängt die Fährte dahinten wieder an.«
Sie gingen weiter, fanden aber weder Spuren noch Reste einer Fischmahlzeit oder sonst etwas, das ihnen sagte: Zwei Otter waren hier.

Caroline sah sich um. »Wie weit wir schon gegangen sind!« rief sie erstaunt.
Niemandem war das so richtig aufgefallen. Sie beschlossen, umzukehren und in der kleinen Bucht zu warten. Vielleicht kam Vigo ja von selbst zurück.
Das Meer fiel zurück. Ebbe hatte eingesetzt. Der Strand bei der Felsennase, die die beiden Buchten voneinander trennte, wurde breiter.
Die drei gingen zurück zu der Stelle, an der Max Vigos Verschwinden aufgefallen war, und setzten sich in den Sand.
Max klaubte eine Handvoll kleiner Steine auf und versuchte, mit jedem Stein einen größeren Stein zu treffen, der weiter weg lag. Meistens gelang es ihm.
Zwischendurch schaute er immer wieder übers Meer. Er wünschte sich so sehr, einen Otterkopf zwischen den Wellen zu entdecken, daß ihm ganz komisch wurde.
»Du siehst aus, als ob dir schwindelig ist«, sagte Caroline. Konnte man seekrank werden, wenn man zu lange auf die Wellen starrte? Sie wußte es nicht.
»Wie kommt es eigentlich, daß ihr in Strawberry House eingezogen seid?« fragte Max und lehnte sich zurück.
»Unsere Eltern haben es gekauft, genauer gesagt Vater, wie immer, ohne uns zu fragen«, antwortete Andy.
»Er kauft häufiger mal etwas so ganz plötzlich«, versuchte Caroline zu erklären. »Es ist eine Art Kurzschluß. Einmal hat er für uns ein Pferd gekauft – eine Gelegenheit.« Sie zog das Wort »Gelegenheit« ganz lang, wie Kaugummi. »Es war ein Rennpferd, das für Rennen zu langsam war. Popsi meinte, es wäre genau das richtige für uns. Wir sollten darauf reiten lernen. Andy war damals sieben und ich sechs, Babys also.«
»Und das Pferd war so gefährlich, daß man nicht mal in seine Nähe kommen konnte«, erzählte Andy weiter. »Es war eine Stute. Sie hieß Ballerina und hatte eine weiße Blesse.«

»Und viel Weiß in den Augen«, kommentierte Caroline. »Sie kam uns riesig vor, und wir hatten Angst vor ihr. Mami war furchtbar wütend, und Popsi hat schleunigst versucht, Ballerina wieder loszuwerden.«
»Ein Reitstall hat sie gekauft«, fuhr Andy fort. »Sie ist jetzt ganz artig und hat sogar ein Fohlen.«
»Das ist süß«, unterbrach Caroline ihn. »Zum Glück hat es keine Ahnung, wie schnell es rennen könnte.«
Max lachte. »Vielleicht doch.«
Er fühlte sich jetzt besser und richtete sich auf. Von Vigo war immer noch nichts zu sehen. Max warf einen weiteren kleinen Stein.
»Und Strawberry House war auch so eine – Gelegenheit?« Andy nickte, und Caroline atmete hörbar ein.
»Er ist auf eine Annonce gestoßen«, erzählte sie, »in einer Zeitung. Darin stand: Außergewöhnliches Ferienhaus. Liebhaberobjekt. Landschaftlich einmalig gelegen. Vergessen Sie das Alltagseinerlei! – Wortwörtlich, ich hab's auswendig gelernt, weil ich mich so gefreut habe. – Zuerst«, fügte sie hinzu.
»Und komischerweise stimmt alles«, fuhr Andy fort. »Außergewöhnlich ist Strawberry House mit Sicherheit, schon, weil es rosa ist. Lieb muß man es haben, weil man sich sonst vor Ärger in den Hintern beißen könnte, daß man ausgerechnet dieses Haus erwischt hat. Die Sache mit der Landschaft kommt auch hin. Und daß für den Alltagskram keine Zeit mehr bleibt, wenn man das ganze Haus renovieren und sogar noch die Pumpe instand setzen muß, ist klar.«
»Ich finde, daß es ein tolles Haus ist«, sagte Max und sammelte neue Steine ein.
»Ja, du mußt ja auch nicht jeden Tag in deinen Ferien Wände streichen«, trumpfte Caroline auf. Dabei machte ihr das Spaß, und bisher hatten sie sich nicht gerade überarbeitet. Ganz abgesehen davon, daß sie und Andy Strawberry House ebenfalls längst mochten.

Caroline dachte daran, daß sie sich heute morgen mindestens die Hälfte ihrer Arbeitszeit im Erdbeerbeet vergnügt hatten. Erdbeerbeet, Erdbeeren, Erdbeertorte, hüpften die Gedanken in ihrem Kopf, bis sie mit einem Schlußsprung bei Erdbeerbowle angekommen waren. Himmel! Das hatte sie ja ganz vergessen!
»Heute abend gibt es doch Bowle!« rief sie.
Max sah sie verwundert an. Andy blickte auf den weißen Streifen an seinem Arm, wo die Uhr gewesen war, bevor er sie abgebunden hatte. Es mußte mindestens schon halb sieben sein.
»Es ist Viertel nach sieben«, verkündete Max und zeigte Andy seine Uhr.
»Auweh!« entfuhr es Caroline. »Wir müßten längst zu Hause sein.«
Max rührte sich nicht. »Ich bleibe noch«, informierte er die beiden. »Ohne Vigo geh' ich hier nicht weg.«
Hinter der trotzigen Stimme, mit der er das sagte, versteckte sich Verzweiflung.
»Dann bleibe ich auch«, entschied sich Andy.
Die drei beschlossen, daß Caroline nach Hause radeln sollte, um Bescheid zu sagen, was passiert war und wo die Jungen steckten.
Natürlich würde sie auch zu Max' Eltern fahren. Obgleich er behauptete, daß ihn bestimmt niemand vermißte, jedenfalls jetzt noch nicht. Erstens aßen sie niemals vor acht, und zweitens waren Ferien.
»Hast du dir den Weg gemerkt?« wollte Max von Caroline wissen.
Die nickte. Das war kein Kunststück gewesen.
»Ich kann doch auch am Strand entlang zur Straße gehen?« fragte sie.
Denn den Weg über die Klippen allein zurückzugehen, war ihr nicht ganz geheuer.
»Klar, bis zu den Booten da, und dann immer der Straße nach.« Max deutete mit dem Arm die Richtung an.

Caroline stand auf und klopfte sich den Sand von ihrem Hosenboden.
»Hoffentlich kommt Vigo bald zurück«, sagte sie, bevor sie ging. Das wünschte Max sich auch. Warten zu müssen, ohne etwas tun zu können, war fürchterlich.
Andy sah zu, wie die Sonne sank. Er staunte, wie schnell das ging.
»Und wenn Vigo nun mit seiner Freundin zu einer der kleinen Inseln da geschwommen ist?« meinte er irgendwann, ohne Max dabei anzusehen.
Vor ihnen im Meer, etwa einen Kilometer vor der Bucht, lagen zwei Inseln, die fast urzeitlich aussahen, beinahe wie Dinosaurier-Rücken.
»Das schafft er nie«, gab Max zurück. »Dazu ist er nicht fit genug.«
Insgeheim hoffte er, daß Vigo das genauso sah und seine Kräfte nicht maßlos überschätzte. Es könnte leicht passieren, wenn er vor dem Otterweibchen prahlen wollte oder einfach alles um sich her vergaß, so wie er im Augenblick Max vergessen hatte.
»Hast du eine Freundin?« fragte Andy Max.
Der ließ eine Handvoll Sand durch seine Finger rieseln. »Ich hatte eine, Pamela. Sie ist weggezogen.«
Andy nickte. Er dachte an das neue Mädchen in seiner Klasse, das so ganz anders als die anderen Mädchen war, ihn aber überhaupt nicht zu beachten schien. Andy seufzte. Immer wurde alles kompliziert, wenn Mädchen auf der Bildfläche erschienen. Vigos Verschwinden war das beste Beispiel.
Andy schob mit seinen Füßen Sand zu einer Pyramide auf. Etwas Eigenartiges kam ihm in den Sinn. »Machen alle Otter ihre Haufen auf kleine Erdhügel?« fragte er. Bei Vigo hatte er das nämlich beobachtet.
»Nur wenn sie ihr Revier markieren«, antwortete Max. »Es sind Grenzhaufen. Sie sollen für fremde Otter eine Warnung sein.«

Andy nickte. Etwas Ähnliches hatte er sich gedacht.
Die Sonne versank, halb hinter einer lockeren Wolkenschicht versteckt, langsam im Meer. Auf einmal merkte Andy, wie kalt der Sand um seine Ellenbogen wurde.
»Wie spät ist es?« fragte er.
Max sah auf seine Uhr. »Gleich neun.«
»Da kommt jemand«, sagte Andy.
Blitzartig richtete Max sich auf.
Vigo! schrie es in ihm, aber er hatte sich zu früh gefreut. Wer da kam, war seine Mutter. Sie wollte die beiden Jungen nach Hause holen. Andy fand, daß sie sehr nett aussah.
»Ich kann hier nicht weg«, beharrte Max. »Vigo ist doch noch nicht zurück.« Jeden Augenblick konnte er irgendwo auftauchen. Und womöglich brauchte er dann Hilfe. So sah Max die Sache. Seine Mutter, die zwölf Jahre Erfahrung mit der Beharrlichkeit ihres Sohnes hatte, ließ sich nicht auf Diskussionen ein.
»Wir bleiben noch eine halbe Stunde«, sagte sie, »wenn er bis dann nicht da ist, fahren wir.« Max willigte ein. Dreißig Minuten waren eine lange Zeit. Er war sicher, daß Vigos Kopf jeden Moment an der Wasseroberfläche auftauchen würde. Jeden Moment!
Die Minuten vergingen, und kein Kopf war zu sehen. Auch sonst geschah nichts, was darauf schließen ließ, daß Otter in der Nähe waren. Warum kam nicht ein Fischer angestapft, der ihnen sagte, daß er zwei Otter gesehen habe! Max hätte sich so gefreut. Selbst wenn der Mann stinkwütend gewesen wäre.
Um halb zehn stand seine Mutter auf. Max sah ein, daß es keinen Sinn hatte, dickköpfig zu sein. Es wäre auch nicht fair gewesen. Sie hatten eine halbe Stunde ausgemacht, und die war jetzt vorbei.
Beide Jungen standen auf. Andy fühlte sich steif wie ein Brett. Traurig trotteten sie am Strand entlang zur Straße hin, wo Max' Mutter das Auto geparkt hatte.

Es war der kleine Kombi, den ihr Mann tagsüber fuhr, wenn er seine Klempnerarbeiten erledigte. Das Fahrrad, das noch dort im Gebüsch lag, wo Max es gelassen hatte, paßte gerade auf die Ladefläche.
Als sie Andy zu Hause ablieferten, war es Viertel vor zehn. Kurz nach zehn lag Max im Bett. Aber schlafen konnte er noch lange nicht. Seine Nachttischlampe brannte, und er lag da und dachte nach.
Die Tür zum Gehege hatte er weit offenstehen lassen. Außerdem lag ein Fisch und ein Stück Banane im Futternapf – falls Vigo Hunger hatte, wenn er kam.
Wenn er kam! Max warf sich herum. Und wenn nicht?
Plötzlich öffnete sich die Tür, und seine Mutter trat ins Zimmer. Tag für Tag ging sie mit den Sorgen und Nöten kleiner Kinder um, denn sie war Kindergärtnerin. Jetzt setzte sie sich aufs Bett und streichelte ihrem großen Sohn durchs Haar, ganz sanft.
Max schaute sie an. »Glaubst du, er kommt zurück?« fragte er, und seine Augen waren feucht.
»Sicher können wir nicht sein«, antwortete sie. »Aber ich glaube schon. Er lebt nun schon so lange hier. Vielleicht erinnert er sich überhaupt nicht an das, was vorher war.« Wer wußte, wie lange ein Otter sich zurückerinnert! Hatte Vigo eine Ahnung davon, daß er wahrscheinlich umgekommen wäre, wenn Max ihn nicht aus der Falle gerettet hätte?
»Andererseits«, fuhr seine Mutter fort, »dürfen wir nie vergessen, daß er ein wildes Tier war, das zahm geworden ist. Er ist frei geboren worden. Es ist nicht so, wie bei domestizierten Tieren, die ein freies Leben niemals kannten, weil schon ihre Vorfahren vor vielen, vielen Jahren von Menschen gezähmt worden sind.«
Max nickte und schluckte zugleich. All das wußte er, wenn er es sich auch nie so klargemacht hatte.
»Es ist ja nur, weil ich solche Angst habe, daß er überfahren wird oder jemand ihm was tut«, sagte er und

mußte nun doch anfangen zu weinen. Seine Mutter nickte.
»Trotzdem glaube ich, daß du dich heute nacht deswegen nicht zu sorgen brauchst. Menschen sind hier nachts kaum unterwegs, und für Autos gilt das gleiche. Außerdem ist Vigo nicht ganz unerfahren. Er hat doch einiges bei dir gelernt.«
Das stimmte. Vigo lief niemals mitten auf der Straße. Und allein würde er sich bestimmt auch nicht auf das Strandstück wagen, wo die Fischerboote lagen, schon deshalb nicht, weil er und Max niemals dort waren.
»Ich glaube, ich kann jetzt schlafen«, sagte Max und seufzte tief.
»Das ist schön.« Seine Mutter deckte ihn zu. »Und morgen früh . . .«
» . . . fahr' ich als allererstes an den Strand«, beendete Max ihren Satz.

Morton kauft Farbe

Die Fahrt zum Strand am nächsten Morgen war nicht nötig. Als Max hinunter in den Garten zum Gehege lief, kam Vigo ihm entgegen.
»Twotwotwot!« machte er.
Max war überglücklich. Er kniete sich ins noch feuchte Gras, und Vigo wühlte begeistert seinen Kopf in Max' Pulloverärmel. Das war ein schönes Spiel! Max lachte, weil Vigos Schnurrhaare kitzelten.
Aber er lachte nicht nur aus diesem Grund. Vigo war zurückgekommen. Ihm war nichts passiert. Im Gegenteil, er sah sehr zufrieden aus. Und der Fisch und das Stück Banane waren auch verputzt. Das fand Max heraus, als er gemeinsam mit Vigo zum Gehege ging.
»Du warst hungrig, als du kamst«, meinte er verständnisvoll und streichelte seinen Freund. »Ein Fisch ist

noch im Kühlschrank. Wenn du willst, hol' ich ihn dir.«
Vigo sagte zwar nicht ausdrücklich ja, trotzdem hatte Max den Eindruck, ein Frühstücksfisch wäre sehr willkommen.

Während Vigo fraß, fiel Max ein, daß er unbedingt gleich Andy und Caroline die tolle Nachricht überbringen müsse. Ruth und die Eltern wußten es natürlich schon. Max' Vater, der gestern abend erst sehr spät von einer Gemeinderatssitzung heimgekommen war, hatte kaum etwas von Vigos Verschwinden mitbekommen.

»Guten Morgen, Mister Sandifer! Vigo ist wieder da!«

»Guten Morgen, Max! Das freut mich aber! Das freut mich wirklich sehr!«

Morton war allerbester Laune. Das Wetter sah aus, als würde es wunderschön werden, die Erdbeerbowle gestern war hervorragend gewesen, er hatte soeben den letzten Rest des alten Außenanstrichs von Strawberry House entfernt, und der Otter war zurückgekehrt. Mehr konnte man wirklich nicht verlangen.

»Wo ist er denn gewesen?« erkundigte er sich.

Max sah Morton fragend an. Dachte dieser Stadtmensch etwa, Vigo könnte reden? Er beschloß, sich nicht anmerken zu lassen, wie eigenartig er Mortons Frage fand, und zuckte gelassen mit den Schultern. »Heute morgen war er jedenfalls zurück.«

»Hallo, Vigo! Hallo, Max!« Caroline und Andy kamen aus der Eingangstür. Sie hatten Stimmen gehört. Und da ihr Vater zwar allerlei merkwürdige Dinge tat, aber äußerst selten mit sich selbst sprach, hatten sie sofort ihre Pinsel fallen lassen, selbstverständlich in den Eimer mit der Farbe.

Caroline ließ sich so stürmisch auf ihre Knie in den Kies fallen, daß Vigo erschreckt ein Stück zurückwich.

»Sei vorsichtig!« bat Andy sich aus, und seine Stimme klang betont nach großem Bruder. »Sonst haut er gleich wieder ab.«

»Ihr entschuldigt mich«, sagte Morton und ging zu seinem Wagen.
Seine Gedanken konzentrierten sich jetzt nur auf eins. Er wollte weiße Farbe kaufen. Und dann würde Strawberry House von außen neu gestrichen. Darauf hatte er sich schon tagelang gefreut.
Caroline sah ihrem Vater sprachlos nach.
»So etwas hat er zu uns noch nie gesagt«, stieß sie hervor, als Morton aus der umwucherten Einfahrt fuhr.
In Little Appington angekommen, verlangte Morton in einem Laden, der einer altmodischen Drogerie ähnelte, zwei große Eimer der besten Außenanstrichfarbe, die es gab, natürlich Weiß.
Der Verkäufer nickte, verschwand in einem hinten gelegenen Lagerraum und stellte kurz darauf zwei Eimer vor Morton hin.
Quer darüber legte er eine dicke Tube roter Farbe.
»Zum Mischen«, sagte er, als erklärte das alles.
Mortons Augenbrauen schnellten in die Höhe.
»Ja, aber . . .«
»Sie sind doch der neue Besitzer von Strawberry House«, fiel ihm der Verkäufer so freundlich ins Wort, daß man nicht anders konnte, als ihn ausreden lassen.
Morton nickte. »Ich streiche es aber weiß!« Seine Worte klangen wie Angriff und Verteidigung zugleich.
»Es war immer rosa«, sagte der Verkäufer sanft, ja, fast ein bißchen wehmütig.
Er schrieb eine Quittung und steckte sie in die Registrierkasse, die mit einem Klingeln aufsprang. Morton zückte sein Portemonnaie.
»Die rote Farbe kostet keinen Penny extra«, erfuhr er wie nebenbei.
Er seufzte, zahlte, klemmte sich die Tube unter einen Arm, hob die beiden Eimer auf und ging. Am liebsten hätte er noch einmal laut geseufzt, aber das ließ sein Gefühl für Höflichkeit nicht zu.

Er würde die rote Farbe nicht mit der weißen mischen, das stand für ihn felsenfest. Aber mitnehmen konnte er sie ja, wenn sie im Preis inbegriffen war.
Als er zu Hause ankam, hockten Andy, Max und Caroline noch immer an der gleichen Stelle. Morton war etwas enttäuscht. Am liebsten wäre er jetzt mit sich und seiner weißen Farbe allein gewesen.
Er lud seinen Einkauf aus und verschwand im Haus. Ein kleiner Frühschoppen in Form von übriggebliebener Erdbeerbowle war vielleicht genau das richtige, bevor er sich an die Arbeit machte.
Caroline kraulte Vigo, während Andy versuchte, ihn für ein Stück Isolierband zu interessieren, das er hin und her zucken ließ, als wäre es eine Schlange. Vigos Augen glänzten. Er genoß es, Mittelpunkt zu sein.
Max stand auf, um sich Mortons Einkäufe anzusehen. Er hob die rote Farbtube auf. Sie war nicht ganz bis zum Rand gefüllt, und die Farbe schwappte hin und her wie eine dicke Soße. Außen an der Tube waren für akkurates Dosieren Meßstriche angebracht. Max zählte sie. Es waren vierundzwanzig.
Er betrachtete die Eimer mit der weißen Farbe. In ihren Deckeln befanden sich kleine Öffnungen, die mit Pfropfen zugestöpselt waren. Man brauchte also nicht den Deckel abzunehmen, wenn man die Farbe mischen wollte. Es genügte, die Pfropfen hochzuziehen. Dann müßte man nur noch den Deckel von der Tube schrauben, die Spitze kappen . . .
Max zog sein Messer aus der Tasche und schnitt die Spitze ab. Der Tubendeckel befand sich längst in seiner Hosentasche.
Die Pfropfen hatte er ruck, zuck rausgezogen. Aber wieviel Rot mochte mit Weiß zusammen ein vernünftiges Rosa ergeben? Vier Meßstriche, acht oder zwölf?
Max entschied sich für zwölf. Damit würde die Tube zur Hälfte aufgebraucht sein. Träge vermischte sich das Rot

mit der dicken, weißen Soße. Man würde lange rühren müssen, bis die Farbe einheitlich war.
Max sah prüfend auf die Skala. Noch ungefähr zwei Meßstriche. Vorsichtig dosierte er. Es kam ziemlich genau hin. Gelassen spritzte er die andere Hälfte Farbe in den zweiten Eimer. Jetzt waren die Verhältnisse ja klar. Das dachte er wenigstens, denn wer konnte ahnen, daß ihm im nächsten Augenblick die Tube vor Schreck fast aus der Hand gefallen wäre.
»Max!« brüllte nämlich Morton so laut, daß seine Erdbeerbowle schwappte und Vigo wie ein Rollmops mit eingebauter Feder herumschnellte.
Caroline setzte sich unfreiwillig auf den Hosenboden, und Andy wurde blaß. Er wurde immer blaß, wenn jemand brüllte.
Morton war nicht blaß. Er war eher rot.
»Bist du wahnsinnig, Junge?« donnerte er und stellte, so schnell und vorsichtig man das in wütendem Zustand konnte, sein Glas auf den Treppenabsatz.
Aber es war zu spät. Das Weiß war nicht mehr weiß, sein schöner Traum geplatzt. Es war zum graue Haare kriegen, wenn man nicht schon welche hätte.
Morton konnte niemals lange wütend sein, schon gar nicht, wenn er wußte, daß es zwecklos war.
»Warum hast du das getan?« fragte er matt, und seine Arme fühlten sich so schwer an, als wären sie mindestens zwanzig Zentimeter länger als normal.
»Ich dachte . . . Ich wollte doch nur . . .«, stammelte Max und schluckte.
»Was dachtest du?« fragte Morton streng und besah sich die Bescherung aus der Nähe.
Max stand immer noch am selben Fleck. Er war unfähig, sich zu rühren, und einen richtigen Satz brachte er auch nicht zustande.
»Weil Sie doch die rote Farbe . . . Strawberry House war immer rosa«, brachte er schließlich beinahe

trotzig hervor. Mortons Ärger flammte wieder auf. »Das habe ich nun schon in mehrfacher Ausführung gehört«, patzte er Max an. »Aber merk dir eins, mein Junge: Wenn ich, Morton Sandifer, mir vornehme, ein Haus, das schon immer rosa war, weiß zu streichen, dann kann es ohne weiteres passieren, daß es auch weiß wird.«

»Oder rosa«, murmelte Caroline. Es laut zu sagen, hätte sie jetzt nicht gewagt.

In dem Augenblick machte es ping, und das Glas mit Mortons Bowle kippte um. Wie durch ein Wunder blieb es heil. Umgekippt aber war es keineswegs auf wundersame Weise. Vigo hatte ganz entscheidend seine Pfoten im Spiel gehabt.

Spielen war ein Zauberwort für ihn. Und etwas aus Glas, das glitzerte und aufrecht stand, lud schnurstracks dazu ein. Flaschen rollten, wenn man sie zur Seite stieß, das wußte er. Ob dieses Ding da, das so viel schöner glitzerte als eine Flasche, auch rollte?

Vigo konnte nicht widerstehen, die Sache eingehender zu untersuchen. Vorsichtig schlich er sich an.

Da war dieser große Mensch, der brüllte. Aber anscheinend war er ungefährlich. Und jetzt ging er auch noch ein Stück weg. Für Vigo weit genug, um ein bißchen mutiger zu werden.

Drei, vier Hopser, und er stand vor dem Glas. Neugierig tippte er es mit der Pfote an. Flüssigkeit schwappte, und darin tanzten kleine rote Bälle. Vigos schönste Spielträume wurden wahr. Er konnte es kaum fassen. Ein weiterer Puff mit der Pfote, und die Bälle tanzten wieder. Fasziniert schaute er zu, versuchte, durch das Glas danach zu greifen.

Aber das gelang natürlich nicht. Man mußte . . .

Vigo steckte seine Pfote von oben in das Glas. Iii! Das prickelte! Schnell zog er sie heraus. Wie widerlich und fremd dieses Wasser schmeckte!

Vigo leckte noch ein bißchen mehr. So widerlich war es nun auch nicht.
Die Bälle hatten aufgehört zu tanzen. Das ging nicht, sie sollten tanzen, und diesmal ordentlich.
Vigo schubste, und das Glas fiel um. Die Erdbeeren rollten heraus, und die Bowle floß und tropfte auf die nächste Stufe.
Erschreckt machte Vigo einen Satz zur Seite. Aber er sollte sich noch mehr erschrecken.
»Laura!« brüllte Morton so laut und verzweifelt, daß man es bestimmt bis nach Appington Cove hören konnte. Schnell sammelte Caroline die Erdbeeren wieder in das Glas. Nicht, daß es etwas nützte, aber um den guten Willen zu zeigen.
»Was um Himmels willen ist hier los?« Laura erschien in der Tür. Sie sah Morton fragend an. Der war zu keiner Antwort fähig. Sie blickte der Reihe nach die Kinder an, zuletzt Caroline. Nichts deutete auf eine ernst zu nehmende Katastrophe hin.
»Ich bitte dich, Morton! Ein Glas ist umgefallen, und du schreist wie am Spieß. Was sollen die Kinder denken?«
Das war zuviel für Morton. Ja, lebte er denn in einem Irrenhaus! Ein fremdes Kind zerstörte seinen Traum von einem weißen Sommerhaus, ein fremder Otter trank von seiner Bowle; wahrscheinlich lallte er als nächstes eine Lachsballade. Die eigenen Kinder standen tatenlos da, anstatt wenigstens das Schlimmste zu verhindern, und seine Frau hielt ihm vor, es wäre doch nichts passiert. Nichts! Was mußte denn noch passieren! »Schaff mir die Kinder vom Hals – und den Otter«, sagte Morton erschöpft und verschwand fluchtartig im Haus. Laura schaute Andy und Caroline an, so als versuche sie, in ihren Gesichtern zu lesen, was geschehen war. Bis jetzt hatte niemand von ihnen auch nur ein Wort gesagt. Da fiel ihr die Tube mit der roten Farbe in Max' Hand auf, und ihr wurde alles klar.

»O Max! Du hast doch nicht . . .?«
Max nickte unglücklich.
»Wie konntet ihr!« war alles, was Laura darauf einfiel, und sie ging hinter Morton her zurück ins Haus.
»Oje!« Caroline seufzte und stellte das Glas, das sie noch immer in der Hand hielt, ab. »Dabei hat der Tag so prima angefangen.«
Während Laura Mortons aufgewühltes Seelenleben liebevoll generalüberholte, machten sich die drei mit Vigo aus dem Staub.
»Besser, wir hauen erst mal ab«, hatte Andy vorgeschlagen, »bis sich alles beruhigt.« Mit »alles« war Morton gemeint und seine Einstellung zu einem rosa Sommerhaus. Ob sich die allerdings so mir nichts, dir nichts änderte, war mehr als fraglich.
»Wenn ihr wollt, könnt ihr mit zu Mister Wilcox kommen«, sagte Max. Allmählich erholte er sich von den Ereignissen der letzten zehn Minuten.
Mr. Wilcox war der Tischler, der für Max Holzreste aufbewahrte. Auf dem Weg zu ihm begegneten sie Mr. Potter, dem Organisten von Little Appington. Er grüßte ebenso freundlich wie geistesabwesend und dirigierte im Weitergehen gedankenverloren vor sich hin.
»Ich glaube, der hat durch uns hindurchgesehen«, sagte Caroline erstaunt, denn Mr. Potter war ihr noch nie vorher begegnet.
»Das tut er immer«, erklärte Max. »Früher habe ich bei ihm im Chor gesungen. Da hättet ihr ihn mal erleben sollen.«
Mr. Potter interessierte sich hauptsächlich für Bücher und Musik. Es ging das Gerücht, daß ihn einmal eine Schulklasse in einem Musikzimmer eingemauert hatte, während er am Flügel saß und komponierte. Er sei so gedankenverloren gewesen, daß er den Beginn der Schulstunde vergaß und auch nicht merkte, wie vor der Klassenzimmertür eine Mauer hochgezogen wurde.

»Von den Leuten, denen Strawberry House vor euch gehörte, hat er sich oft Bücher ausgeliehen.«
»Ja? Was waren denn das für Leute?« wollte Caroline wissen.
»Ach, zwei alte Schwestern. Sie hatten keine Kinder«, antwortete Max. »Hoffentlich ist Mister Wilcox da.«
Mr. Wilcox war da. Er begrüßte Andy und Caroline, und er hatte Holzreste für Max.
»Bald gibt es vielleicht noch viel mehr«, sagte er, während er als Zugabe zwei schmale Edelholzlatten auf den Stapel legte, der für Max bestimmt war. Max freute sich sehr über das schöne Holz.
»Wieso gibt es vielleicht bald viel mehr?« fragte er Mr. Wilcox.
»Weil das Sägewerk vergrößert wird. Sie wollen sogar den Fluß ausbaggern und begradigen, das letzte Stück zur Mündung hin. Damit Schiffe darauf fahren und das Holz transportieren können.«
Max stand da, als hätte ihn der Blitz getroffen. »Dann will ich das Holz nicht«, sagte er, und es sah aus, als würde er den Stapel, den er eben aufgehoben hatte, einfach fallen lassen.
Aber er tat es nicht, schon wegen Vigo nicht. Der wäre vor Schreck nämlich sonstwohin gesprungen.
»Beruhige dich«, sagte Mr. Wilcox, der Max alarmiert zugesehen hatte. »Noch ist alles in der Planungsphase.«
Planungsphase? Das Wort beruhigte Max überhaupt nicht. Das Ergebnis einer Planung war ein Plan, Beschlüsse folgten, und dann ging es auch schon los.
Genauso war es mit der Straße nach Appington Cove gewesen. Jetzt war sie zwar sehr schön breit und neu, aber warum sie verbreitert worden war, wußte eigentlich niemand so genau.
Wer verirrte sich schon nach Appington Cove!
Zwar war die Rede von Fortschritt und Fremdenverkehr gewesen, aber irgendwie war es nicht dazu gekommen.

Nur die neue Straße, die gab es. Sie verlief sehr sichtbar bis an den Strand von Appington Cove.
»Gestern abend auf der Gemeinderatssitzung ist das Thema zum erstenmal angesprochen worden«, fuhr Mr. Wilcox fort. Max starrte ihn an. Auf der Gemeinderatssitzung war sein Vater auch gewesen. Aber er hatte kein Wort davon gesagt.
Wie konnte er auch? Am Abend war er erst sehr spät zurückgekommen, und am nächsten Morgen war die Erleichterung, daß Vigo wieder da war, so groß gewesen, daß sie beim Frühstück nur über ihn geredet hatten. Zumindest er, Max, hatte das getan, und Ruth und seine Eltern hatten zugehört.
Für Sägewerksvergrößerung und Flußbegradigung war keine Zeit gewesen.
Aber jetzt war es Zeit, höchste Zeit, fand Max. Denn die Sache mit dem Fluß ging nicht nur die Leute vom Sägewerk und die Mitglieder vom Gemeinderat etwas an. Alle betraf es, ganz besonders aber Vigo. Denn der Fluß war Lebensraum für ihn und viele andere Tiere.
»Wir müssen zu Mrs. Brannigan!« Max sah Vigo an, als spräche er zu ihm allein. Gleichzeitig legte er das Holz zurück.
»Junge, sei nicht albern! Nimm es mit!« meinte Mr. Wilcox freundlich.
»Ich hole es mir später«, antwortete Max. Inzwischen war ihm klar, daß dieser Stapel Holz mit der Sägewerksvergrößerung nichts zu tun hatte. Aber zuallererst wollte er jetzt zu Mrs. Brannigan und nicht Holz nach Hause schaffen. »Kommt ihr mit?« wandte er sich seinen Freunden zu.
»Klar«, antwortete Andy, und Caroline nickte.

☆ Weil Autoren und Autorinnen von Kinder- und Jugendbüchern meistens Erwachsene sind, ☆ weil Verlagsmitarbeiter, Buchhändler und Buchkritiker Erwachsene sind, ☆ weil auch die Käufer von Kinder- und Jugendbüchern oft Erwachsene sind, ✎ möchten wir im Ensslin-Verlag gerne Euch, die Leser und Leserinnen von Kinder- und Jugendbüchern, nach Eurer Meinung fragen.

☆ Wenn Ihr Euch für Bücher besonders interessiert, schickt uns die ausgefüllte Karte. Ihr bekommt dann unsere neuesten Buchprospekte und jeder 50. Einsender noch ein tolles Buchgeschenk.

Ich habe diese Karte aus dem Buch: ______________________

____

○ Ich habe mir dieses Buch selbst ausgesucht.

○ Das Buch war ein Überraschungsgeschenk.

Was mir an diesem Buch gefällt: ______________________

____

____

____

Bitte
als Postkarte
freimachen

Ensslin-Verlag
Leserumfrage
Postfach 15 32

D-7410 Reutlingen

Was mir nicht so sehr gefällt: ______________________

____

____

Meine Meinung zum Buchumschlag: ________________

____

____

Der Ensslin-Verlag sollte mal Bücher machen über: ________

____

____

Mein Name ist: ________________________________

Meine Adresse ist: ______________________________

____

Ich bin ________ Jahre alt. (Der Rechtsweg ist ausgeschlossen.)

»Mrs. Brannigan ist nicht ganz gesund«, informierte Max die Freunde, als sie sich per Fahrrad auf dem Weg befanden.
Max' Mutter hatte ihnen ihres geliehen.
»Meinst du damit, sie ist plemplem?« Caroline tippte sich mit dem Finger an die Stirn.
»Quatsch!« Max stemmte sich in die Pedale, denn es ging bergauf. »Ich glaube, sie hat Rheumatismus. Sie trägt immer furchtbar warme Sachen, auch im Sommer. Oft geht sie am Stock, und an manchen Tagen kommt sie überhaupt nicht aus dem Haus.«
»Wenn du dich weiter so schwer machst, geh' ich auch bald am Stock«, knurrte Andy Caroline an. Er schwitzte ordentlich.
»Ich mache mich nicht schwer«, verteidigte sich Caroline. »Ich bin . . .« Ich bin so schwer, hatte sie sagen wollen, aber das hätte geklungen, als wäre sie mindestens ein mittelschwerer Elefant.
»Wir tauschen!« sagte sie statt dessen und sprang ab. Andy war mit diesem Vorschlag einverstanden.
»Was werde ich verwöhnt!« Er freute sich, als säße er in einem Ohrensessel.
Mrs. Brannigan wohnte in einem schönen alten Haus, das von einem riesigen, parkartigen Garten umgeben war. Das heißt, eigentlich war es schon mehr ein Wald, denn die Bäume waren richtig hoch, und alles wucherte natürlich.
Gepflegt waren nur die Rosenbeete, um die sich Mrs. Brannigan kümmerte.
Die Rosen waren ihr Stolz und ihre Freude. Eine ziemlich eigenwillige und zähe Rosensorte, die auf einmal dagewesen war, ohne daß sie sie bestellt oder gezüchtet hatte. Aus Spaß hatte sie sie nach Max benannt. Sie hieß Kleiner Max.

Ein Eichhörnchen huschte über den Weg, der zum Haus hin führte. Es warf einen alarmierten Blick auf Vigo und verschwand schnurstracks in einer hohen Eiche.
Vigo tat, als hätte er es nicht bemerkt. Jetzt radelten sie. Das war wichtiger, als sich um Eichhörnchen zu kümmern. Max fuhr voran ums Haus herum.
»Ich gehe immer durch den Kücheneingang«, sagte er.
Sie lehnten ihre Räder an eine Mauer. Max warf sich beinahe gegen die Tür. Sie klemmte sehr, das wußte er.
»Hallo, Mrs. Tent!«
»Hallo, Max!« Mrs. Tent sah etwas aufgeschreckt aus. Sie hatte die Kinder nicht kommen hören, weil es auf ihrem Herd brodelte und zischte. Anscheinend war gerade ein kritischer Moment.
Aus einer Ecke, gleich bei der Ofenmauer, schaute bedächtig ein uralter Jagdhund auf. Es war Goff. Er war beinahe vierzehn Jahre alt und durfte in der warmen Küche wohnen, weil er, wie seine Besitzerin, Rheumatismus hatte. Der Zwinger draußen, wo die jungen Hunde hausten, war nichts mehr für ihn.
Vigos Nackenhaare sträubten sich. Goff war ein Hund, und Hunden gegenüber war er äußerst vorsichtig.
Der alte Goff war jedoch so harmlos wie ein Lamm. Wahrscheinlich wäre er stolz gewesen, wenn er gemerkt hätte, welchen Eindruck er noch machte.
Da er fast blind und beinahe taub war, registrierte er nur noch die Bodenerschütterung, wenn sich ihm etwas näherte. Auch sein Geruchssinn half ihm, seine Umwelt wahrzunehmen.
»Wir wollen Mrs. Brannigan besuchen«, sagte Max mit lauter Stimme. »Geht es ihr heute gut?«
»Sehr gut sogar«, antwortete Mrs. Tent, während sie mit einem Holzlöffel etwas rührte, das herrlich nach Früchten duftete. »Ihr hättet keinen besseren Tag erwischen können. Marschiert nur durch. Sie ist in ihrem Arbeitszimmer.«

Max ging voran. Vigo, der bis eben gezögert hatte, huschte ganz schnell und vorsichtshalber leise fauchend an dem alten Goff vorbei.
Sie gingen durch eine große, etwas düstere Halle, an deren Wänden Jagdtrophäen hingen. Sie stammten alle aus früheren Zeiten, als es noch viel Wild gab, und als es noch Brannigans gab, die jagten.
Die Mrs. Brannigan, die jetzt das Haus bewohnte, sammelte weder Trophäen, noch erlegte sie Tiere. Im Gegenteil, sie hegte sie.
Max klopfte höflich und öffnete die Tür zum Arbeitszimmer. Sofort huschte Vigo neugierig durch den Spalt. Hier war er schon oft gewesen.
»Hallo, Vigo!« Mrs. Brannigan stand von ihrem Schreibtisch auf, um den Otter zu begrüßen. »Das ist aber eine Überraschung!«
Vigo hatte jedoch etwas anderes vor, als diesem Menschen guten Tag zu sagen. Zielstrebig rannte er auf ein niedriges Regal zu, in dem neben anderen Herrlichkeiten drei grüne, gläserne Kugeln lagen. Sie waren einmal Dekorationsgegenstände im Schaufenster eines Juweliergeschäfts gewesen. Dieser Umstand aber interessierte Vigo wenig. Er wollte nichts anderes, als mit den Kugeln spielen, und zwar sofort.
Schon hatte er die erste aus dem Regal gerollt. Schwerfällig wie eine reife Frucht plumpste sie auf eine Kokosmatte, auf der hin und wieder Goff lag. Gleich darauf war auch die zweite und die dritte abgestürzt.
»O Vigo!« Max stöhnte.
Mrs. Brannigan aber lachte. »Laß nur, Max! Jetzt ist er eine Zeitlang beschäftigt.«
Das stimmte in der Tat. Vigo rollte und kugelte sich mit den Kugeln um die Wette. Er belauerte sie, legte eine Pfote darauf, als wolle er sie greifen, stieß sie ganz plötzlich weg und stürzte hinterdrein. Es war ein Spiel, das nirgends endete.

»Schön, daß du dich mal wieder blicken läßt«, sagte Mrs. Brannigan zu Max. »Wie ich sehe, hast du Freunde mitgebracht.«
Max nickte und stellte Andy und Caroline vor.
Die beiden hatten sich Mrs. Brannigan ganz anders vorgestellt, sehr alt und leidend. Mrs. Brannigan aber war weder das eine noch das andere.
Sie fragte, ob sie den dreien etwas anbieten dürfe.
Max schüttelte den Kopf. »Wir kommen in einer furchtbar wichtigen Angelegenheit«, informierte er Mrs. Brannigan.
Die lächelte nicht, wie Andy erwartet hatte, sondern nickte ernst und setzte sich auf ihren Schreibtischstuhl.
»Nehmt Platz!« sagte sie. Aber Max wollte lieber stehen. »Der Fluß soll ausgebaggert und begradigt werden«, sprudelte er ohne Einleitung hervor, »damit Schiffe darauf fahren und das Holz vom Sägewerk transportieren können.«
Mrs. Brannigan nickte vor sich hin. »Das weiß ich, Max. Die Sache ist schon länger im Gespräch.«
»Aber das war doch immer nur Gerede!« Max wurde lauter. »Jetzt haben sie im Gemeinderat davon gesprochen, gestern.«
Mrs. Brannigan sah ihn betroffen an. »Auf der gestrigen Sitzung war ich nicht. Wenn es dort schon zur Sprache kam, ist es natürlich etwas anderes.«
Max nickte. Genau so sah er die Lage auch. »Etwas muß passieren«, sagte er. »Sie dürfen dem Fluß nichts tun. Er wird furchtbar häßlich werden, unecht, und die Tiere ziehen weg und kommen nie zurück.«
Mrs. Brannigan massierte ihre Fingerknöchel. Max hatte recht. Das stand für sie außer Frage.
Als erstes müßten Bäume gefällt und gerodet werden, um Platz zu schaffen für Laster und Maschinen. Dann würden sie mit Baggern kommen und wochen- und monatelang einen Höllenlärm veranstalten.

An den Flußufern würde es aussehen wie auf einem Schlachtfeld.
Mrs. Brannigan glaubte fest daran, daß Mensch und Natur nur in einem Miteinander leben können. Ein Sieg über die Natur ging oft mit ihrer Zerstörung Hand in Hand. Eingriffe in die Natur waren meist nicht mehr rückgängig zu machen, und viele Tier- und Pflanzenarten waren bereits zerstört worden.
Um den Fluß zu begradigen, müßten Spundwände als Uferbefestigung in die Erde gerammt werden.
Der Fluß wäre dann zwar gebändigt, in Eisen gelegt sozusagen, für Tiere aber wären diese Wände viel zu steil, um daran hochzuklettern. Und das Wasser würde tief und reißend sein. Manche Pflanzenarten würden sterben, und fischfressende Tiere hätten es viel schwerer, Beute zu ergattern.
Den Fischreihern würde das nicht gefallen und auch nicht den Ottern – als ob es noch Otter gäbe! – und den Schermäusen und den Fröschen und den Molchen und, und, und . . . Und das war noch längst nicht alles.
Mrs. Brannigan seufzte, gab sich dann aber einen Ruck. Sie hatte drei junge Besucher, die etwas Ernsthaftes mit ihr besprechen wollten, und dem mußte sie sich stellen.
Max, der geduldig gewartet hatte, während Mrs. Brannigan so nachdenklich vor sich hingesehen hatte, berichtete die zweite Neuigkeit. Denn was ihn betraf, war das noch längst nicht alles.
»Ganz besonders jetzt muß der Fluß so bleiben, wie er ist«, sagte er mit Nachdruck. »Es ist nämlich wieder ein Otter da.«
Mrs. Brannigan verstand nicht. »Wie meinst du das? Willst du damit sagen, daß du es geschafft hast, Vigo auszuwildern?« Aber nein, das konnte nicht sein. Vigo war ja hier.
»Ein fremder Otter«, sagte Max beharrlich. »Wir glauben, daß es ein Weibchen ist. Eine ganze Nacht lang war

Vigo mit ihm weg. Als wir nach Vigo suchten, haben wir Spuren unten am Strand gefunden. Spuren von zwei Ottern.« Er erzählte Mrs. Brannigan, was sich gestern abend zugetragen hatte.

»Vielleicht lebt es auf einer der beiden kleinen Inseln«, schloß Max seinen Bericht. »Hier aus der Gegend kommt es nicht.«

Mrs. Brannigan, die aufmerksam zugehört hatte, nickte. Es gab wieder ein Otterpaar in dieser Gegend. Die Nachricht freute sie sehr. Seit damals, als Max Vigo in der Falle fand, hatte sie geglaubt, es wäre ein für allemal vorbei mit Ottern. Zumal Nick Tent wenig später ein totes Otterjunges gefunden hatte. Das hatten sie jedoch Max gegenüber nicht erwähnt. Für den Jungen war es bitter genug gewesen, ein verletztes Junges aufzufinden. Zwei Junge waren in dem Wurf gewesen. Und beide hatten die Elterntiere durch Menschenhand verloren. Grund genug für jeden Otter, in eine friedlichere, von Menschen unberührtere Gegend umzuziehen, so meinte Mrs. Brannigan. In der Tat wurden seitdem auch nirgends mehr Otterspuren entdeckt.

»Das ist wirklich eine tolle Nachricht, Max.« Mrs. Brannigan betrachtete Vigo, der lang ausgestreckt auf der Kokosmatte inmitten der gläsernen Kugeln lag und schlief. Von der langen Radfahrt und dem schönen Spiel war er angenehm erschöpft. Und hier war es so warm. Vigo sah aus, als ob er träume. Seine Pfoten zuckten, und er atmete hörbar. Sicher kamen in seinen Träumen glitzernde Wasserläufe mit phantastisch verwilderten, zum Verstecken einladenden Ufern vor, Lehmrutschen, Bäume mit geheimen, behaglichen Wurzelhöhlen und eine berauschende Vielfalt von Fischen.

Das alles galt es zu erhalten. Es durfte nicht sein, daß solche Plätze nur noch in Träumen vorkamen.

Mrs. Brannigan sah Max, Andy und Caroline an. »Ich werde sehen, was sich machen läßt.«

Sie wollte nicht zuviel versprechen. Zunächst mußte sie Kontakte aufnehmen und sich informieren.
Das brauchte Zeit, denn hier galt es, ganz besonders hartnäckig zu sein.
Max sah Mrs. Brannigan forschend an. War das alles? Solche Sätze kannte er. Die sollten beruhigen und vielleicht sogar vergessen lassen. Max war nicht beruhigt, im Gegenteil. Er hatte plötzlich das Gefühl, als ob alles verloren sei.
»Warum tun Erwachsene so was?« sprudelte er enttäuscht hervor. »Sie sagen, daß sie alles besser wissen, aber sie tun Dinge, als ob sie überhaupt nichts wissen. ‚Warte, bis du groß bist, dann verstehst du das', sagen manche auch noch. Als ob das stimmt! Ich will nie vergessen, was ich jetzt denke. Nie!«
Max hatte sich in Wut geredet. Seine Worte knallten wie Ohrfeigen in den Raum. Und Mrs. Brannigan sah ganz so aus, als hätte sie ein paar abgekriegt. Dabei war sie eigentlich nicht die richtige Adresse.
Sie holte tief Luft, bevor sie sagte: »Weißt du, Max, das mit dem So-viel-Wissen ist eine vertrackte und komplizierte Sache. Es bedeutet nicht immer, daß jemand weise ist. Es kann auch einfach heißen, daß jemand sehr viele Dinge bedenken muß, bevor er eine Entscheidung trifft. Trotzdem aber müssen seine Entscheidungen nicht immer richtig sein. Oft sind sie falsch, weil man den falschen Dingen Bedeutung beigemessen hat.«
Hatte Max das verstanden? Mrs. Brannigan sah ihn forschend an.
Max blieb hartnäckig. »Die Worte habe ich schon verstanden . . .«
Mrs. Brannigan nickte freundlich.
»Ich geb' dir ein Beispiel, damit es klarer wird: Denk an die Verbreiterung der Straße. Sie wurde vorgenommen, weil viele Leute glaubten, dann würden mehr Touristen Little Appington und auch Appington Cove besuchen.

Es war auch schon die Rede von einem Campingplatz. Als nächstes – wer weiß? – denkt man vielleicht daran, ein Hotel zu bauen. Fast jeder hier würde ein bißchen reicher werden, und Little Appington und Appington Cove würden sich zu Ferienorten mausern.

Was man nicht bedenkt, ist, daß die wenigen Touristen vielleicht gerade deshalb hierherkommen, weil alles noch so natürlich ist. Sie würden schnell das Weite suchen, wenn sich plötzlich ein riesiger Campingplatz oder ein Hotel vor ihnen auftäte.

Und woran man vielleicht auch zuwenig denkt, ist, daß sich alles hier verändern würde. Wir wissen, daß wir jetzt gerne hier leben. Aber wissen wir, wie wir es finden würden, wenn Touristenschwärme zu den Ferienzeiten alles in Beschlag nähmen? Vielleicht fänden wir es fürchterlich. Nur ist es dann zu spät.«

Mrs. Brannigan war sich ganz und gar nicht sicher, ob sie es gut erklärt hatte. Max nahm ihr die Zweifel.

»Meinen Sie damit, daß alle nur Geld verdienen wollen und nicht daran denken, was diese Veränderungen für Folgen haben können?«

»Genau das meine ich.« Mrs. Brannigan war sehr erleichtert. »Und man kann es ihnen nicht verdenken. Fast jeder möchte gern ein bißchen mehr verdienen, denn jeder hat Träume, Wünsche und Verpflichtungen. Nur ist das, was man dagegen eintauscht, am Ende vielleicht wertvoller als Geld.«

Max nickte. Er war jetzt sicher, daß Mrs. Brannigan dieselben Dinge wichtig fand wie er. Nur war sie erwachsen. Erwachsen zu sein, machte alles komplizierter. Andererseits hatte man mehr Möglichkeiten, Dinge durchzusetzen. Wer hörte schon auf ein Kind! Max hatte da so seine Erfahrungen.

»Und was können wir tun?« fragte er.

»Wir sollten deinen Onkel verständigen«, war die Antwort Mrs. Brannigans, »und ihn um Hilfe bitten. Zuerst aber muß ich mich besser informieren. Damit fange ich noch heute an. Einverstanden?«

Max war einverstanden. Mehr konnte man wirklich nicht verlangen, für den Anfang wenigstens. Er wandte sich zum Gehen, drehte sich jedoch noch einmal um. »In ein paar Tagen besuche ich Sie wieder.«

»In Ordnung, Max.« Mrs. Brannigan lächelte ihm aufmunternd zu. »Und noch etwas: Wie wäre es, wenn du in der nächsten Zeit Vigo nachts seine Freiheit lassen würdest? Du sagst, er habe eine Freundin. Sicher möchte er gern mit ihr zusammensein.«

Jetzt war es Max, der aussah, als hätte er eine Ohrfeige bekommen. Ohne noch ein Wort zu sagen, verließ er das Arbeitszimmer Mrs. Brannigans. Vigo und Andy folgten ihm. Caroline legte vorher noch schnell die drei gläsernen Kugeln ins Regal zurück.

»Ich finde Mrs. Brannigan sehr nett«, sagte Caroline, als sie nach Hause radelten. »Bestimmt tut sie alles, was sie kann.« Max radelte verbissen. Er sah aus, als hätte er nicht zugehört.

»Bist du sauer?« fragte Andy.

Max schüttelte den Kopf. »Ich denke nach.«

Andy glaubte zu wissen, was Max beschäftigte. Mrs. Brannigan hatte gesagt, daß fast jeder gern ein bißchen mehr verdienen würde, aber daß das am Ende vielleicht gar nicht so wichtig sei. So etwas zu behaupten, war sehr leicht, wenn man reich war.

Andy hätte es überzeugender gefunden, das von jemandem zu hören, der nicht so ein schönes Haus mit großem Grundstück besaß wie Mrs. Brannigan. Er erklärte Max und Caroline, was er dachte.

Max war nicht sonderlich beeindruckt. Er kannte Mrs. Brannigan schon lange.

In seinen Augen war sie sehr gerecht. Jederzeit setzte sie sich für Dinge ein, die andere als äußerst unbequem empfunden hätten.

Caroline, die all dies nur ahnen konnte, fuhr ihren Bruder an: »So muß doch gerade sie es wissen! Außerdem bräuchte es sie nicht zu stören, und wenn noch so viele Touristen hierher kämen. Ihr Grundstück ist so groß, daß sie von ihnen fast nichts merken würde.«
Auf diese Art konnte man die Sache natürlich auch betrachten.

Max entschließt sich

Zum Mittagessen kamen Andy und Caroline viel zu spät. Kein Wunder, sie hatten ja auch einiges am Vormittag erledigt.
»Na, ihr müßt ja in toller Ferienstimmung sein, wenn ihr so die Zeit vergeßt!« begrüßte Laura ihre Kinder. Ärgerlich war sie nicht, aber sehr beschäftigt. Sie strich Fensterrahmen. »Ihr könnt euch aus dem Topf bedienen, der in der Küche steht.«
Andy und Caroline gingen schnurstracks in die Küche. Von der Veranda her hörten sie ihren Vater pfeifen.
»Ein Glück!« murmelte Andy erleichtert. Er war also nicht mehr böse wegen der Sache mit der Farbe heute morgen, nicht überwältigend böse jedenfalls.
Ein sanftes Rattern war zu hören. Nani nähte.
Der Topf in der Küche enthielt Gemüsesuppe. Erdbeeren mit Sahne gab es auch. Komisch, daß man davon nie genug bekam. Ob es damit zu tun hatte, daß es Erdbeeren aus dem eigenen Garten waren?
Gleich nach dem Essen machten die beiden einen Rundgang durchs Haus. Das Elternschlafzimmer war gestrichen, und Nani hatte in zwei weiteren Zimmern Gardinen aufgehängt. Sie bewegten sich im Wind, denn fast alle Fenster auf der einen Seite waren ausgehängt. Laura strich sie im Garten, weil sie dort schneller trockneten und weil das Wetter herrlich war.

Und Morton? Der hatte tatsächlich begonnen, Strawberry House rosa anzumalen.
»Sieht gut aus«, sagte Caroline vorsichtig.
»Mmm«, brummte Morton, der bis gerade eben laut vor sich hingepfiffen hatte, nicht unfreundlich.
»Wir haben uns gedacht, daß wir schon mal zwei Türen streichen«, schlug Andy tapfer vor. Damit aber hatte er sich zu weit vorgewagt.
»O nein, das werdet ihr nicht«, sagte Morton eigenartig heiter. »Ich weiß genau, wie das ausgehen wird. Farbe so dick aufgetragen wie Zahnpasta, und ein Pfiff von Max und seinem Otter, und ihr seid weg.«
»Du traust uns auch gar nichts zu«, sagte Caroline leicht verletzt.
»Irrtum!« war Mortons Antwort. »Ich traue euch sogar alles zu.«

Max hatte den ganzen Nachmittag über zu nichts Lust. Das kam bei ihm sehr selten vor. Er grübelte und grübelte, und ab und zu stieß er einen kleinen Seufzer aus. Beim Abendessen war er so still, daß seine Eltern ihn besorgt betrachteten.
»Ich fahre noch mal mit Vigo an den Strand«, sagte er, als alle aufgestanden waren. Es war ein mutiger Entschluß, wenn man bedachte, daß Vigo erst gestern dort verschwunden war.
Die Mutter sah ihn forschend an. »Bleib nicht zu lange.«
Max schüttelte den Kopf und verschwand durch die Terrassentür. Vigo pfiff vor Freude, als er Max kommen sah. Er hatte fast den ganzen Nachmittag geschlafen und war sofort bereit, irgend etwas Herrliches zu unternehmen. Willig hielt er still, als Max ihm sein Geschirr umlegte und die Leine daran festband.
Als sie an dem Gebüsch angekommen waren, in das Max sein Fahrrad schob, bevor es über die Wiese entlang der Uferböschung und dann zum Strand hinunter ging,

war Vigo außer Rand und Band. Er zappelte so, daß Max kaum die Geschirrschnalle aufbekam.
»Halt doch still, sonst dauert es nur länger!« Vigo dachte nicht daran. Sowie er frei war, flitzte er davon.
Max hatte keine Lust zu laufen. Seine Befürchtungen trafen ein. Vigo hatte nur seine Freundin und sonst nichts im Kopf. Genau wie gestern abend würde er verschwinden. Max atmete schwer. Jetzt lief er doch. Aber Vigo holte er nicht ein.
Am Strand angekommen, ließ er sich in den Sand plumpsen wie ein Stein. Sein Herz hämmerte. Plötzlich tauchte Vigo übermütig weit vor ihm in den Wellen auf. Er war also noch da. Und er war allein. Max wußte nicht, ob er sich freuen sollte oder nicht.
Genau wie sonst trieb Vigo seine wilden Tauch- und Fischfangspiele, vielleicht sogar noch etwas wilder. Genau wie sonst kletterte er ab und an auf seinen Felsen. Aber anstatt wie sonst träumerisch und fasziniert aufs Meer hinauszuschauen, hielt er seine Nase prüfend in den Wind und blickte suchend bald zu den beiden kleinen Inseln, bald zur Felsennase hin.
Auch als er an Land kam, um direkt neben Max alles Wasser abzuschütteln, war er unruhiger als sonst. Er ruhte sich nicht aus, sondern lief hierhin und dorthin, schnupperte und sah sich um. Irgendwann wurde es Max zu bunt. Er schüttelte den Sand aus den Sandalen und stand auf. Vigo schaute ihn fragend an. Er kam jedoch willig mit, als Max den Weg zur Klippe einschlug.
Max hatte sich alles genau überlegt, den ganzen Tag über. Sein Entschluß stand fest.
»Ich mache heute nacht die Tür nicht zu«, sagte er zu Vigo, als er ihn in sein Gehege brachte. »Du kannst weggehen, wenn du willst.«
Er schluckte. »Aber komm nicht zu spät heim, und paß an der Straße auf.« Er strich noch einmal über Vigos Fell und lief dann schnell zum Haus. Er kam sich vor

wie eine Mutter und machte sich schreckliche Gedanken. Ob Mütter auch immer solche schlimmen Ängste hatten?
Nie vorher hatte Max darüber nachgedacht.
Er ging früh zu Bett. So früh, daß seine Mutter kam, um festzustellen, ob etwas nicht in Ordnung war.
Max erzählte alles. Er war so scheußlich wach, daß nicht einmal Schafe zählen etwas nützte. Aus den Schafen wurde immer wieder Vigo.
Er redete von dem Flußbegradigungsprojekt, erzählte von dem Besuch bei Mrs. Brannigan und daß die gesagt hatte, er, Max, solle überlegen, ob Vigo nachts nicht seine Freiheit haben sollte. Das war es, was ihn so sehr beschäftigte.
Von dem Otterweibchen erzählte er auch. Und von seiner Angst, daß Vigo für immer verschwand oder überfahren würde oder daß jemand ihm etwas zuleide tat.
Die Mutter hörte geduldig zu. Erst als Max nichts mehr zu sagen wußte, fing sie an zu reden. »Weißt du, jetzt hast du mir so viel erzählt. Da muß ich ganz weit ausholen, um dir richtig antworten zu können. Das Flußbegradigungsprojekt wollen wir für den Moment beiseite lassen. Da ist ja das letzte Wort noch nicht gesprochen. Als erstes mußt du wissen, daß du meiner Meinung nach ein ganz besonderer Junge bist. Schon als du noch klein warst, ist mir das aufgefallen. Du warst dickköpfig, zugleich aber auch sehr vernünftig. Nur deshalb haben wir dir erlaubt, Vigo zu behalten.«
Max schaute seine Mutter fragend an.
»Ein so bedrohtes, selten gewordenes Tier zu halten, das eigentlich die Freiheit braucht, ist keine leichte Aufgabe. Sie erfordert viel Verantwortung und bringt viel Leid mit sich, eigentlich zuviel für einen Jungen, der zwölf Jahre alt ist und noch andere Interessen hat.«
Max starrte die Zimmerdecke an. Er mußte schlucken, wenn er daran dachte, wieviel Tränen und Kummer sei-

ne Freundschaft mit Vigo ihm bereitete. Natürlich war nicht Vigo daran schuld, und natürlich war das auch nicht immer so.

»Auf der anderen Seite«, fuhr Max' Mutter fort, »gibt Vigo dir sehr viel. Eine Freundschaft mit einem Otter ist etwas ganz Besonderes. Andere Kinder haben in ihrem Leben noch nicht einmal einen Otter zu Gesicht bekommen, und vielleicht werden sie niemals einen sehen.

Du jedoch lernst durch ihn Zusammenhänge der Natur zu verstehen und siehst auch, wie leicht solche Zusammenhänge aus dem Gleichgewicht zu bringen sind, selbst dann, wenn der Mensch in guter Absicht eingreift. Aber so, wie du von Vigo lernst, lernt Vigo auch von dir. Und auf das, was du ihm beigebracht hast, solltest du dich vielleicht ein bißchen mehr verlassen. Ich weiß, wie schwer das ist.« Die Mutter sah Max voller Liebe an. »Denk nur einmal daran, wie Tiere lernen. Sie halten sich an Gewohnheiten und Erfahrungen. Das ist ein guter Grundstock, finde ich.

Wie oft bist du mit Vigo an der Seite die Straße entlang radgefahren? Wahrscheinlich Hunderte von Malen. Und immer mußte er im Gras am Rande laufen, wo ihm durch Autos nichts passieren kann. Kannst du dir nicht denken, daß er das auch so hält, wenn du nicht bei ihm bist? Einfach, weil er es nicht anders kennt. Genauso verhält es sich mit dem Weg zum Strand.

Warum sollte er plötzlich den Weg vorbei an den Fischerhäusern nehmen, wenn du dort nie mit ihm gegangen bist? Warum sollte er dort schwimmen, wo die Fischer ihre Netze haben? Er ist dort nie geschwommen, wenn du mit ihm am Strand warst.

Auch glaube ich, daß er sehr vorsichtig sein wird, wenn ihm fremde Menschen begegnen. Wenn du nicht bei ihm warst, hat er doch mit Fremden fast nur schlechte Erfahrungen gemacht.«

Max, hartnäckig wie immer, war nicht überzeugt.

»Und was ist, wenn er trotzdem alles anders macht, wenn ich nicht bei ihm bin? Hunde werden auch überfahren. Wenn ich einen Hund hätte, würde ich ihn an der Straße nie ohne Leine laufen lassen.«
»Vigo ist kein Hund. Er ist ein Otter, frei geboren. Ich finde, daß du ihn gut darauf vorbereitet hast, in Freiheit zu leben. Bevor du zur Schule kamst, sind wir mit dir ein paarmal den Weg dorthin gegangen. Wir haben dir erklärt, was es bedeutet, wenn man ohne zu gucken über eine Straße läuft. Und du hast versprochen, es niemals zu tun.
Aber glaubst du, ich hatte keine Angst, als mein kleiner Max die ersten Male allein zur Schule ging? Nur darf man sich nicht immer ängstigen. Man muß Vertrauen haben. Besonders dann, wenn der, um den man sich ängstigt, eigentlich sehr vernünftig ist.«
Allmählich begriff Max, was die Mutter ihm klarmachen wollte. Nur eine große Unsicherheit blieb noch.
»Und was ist, wenn Vigo nicht mehr zurückkommt?«
»Ja was, wenn er nicht mehr kommt? Dann hast du, so traurig das augenblicklich klingen mag, etwas Außergewöhnliches erreicht. Du hast Vigo nicht nur gerettet, sondern gleichzeitig alles dir Mögliche getan, damit er in Freiheit leben und überleben kann.«
Max sagte nichts dazu. Er dachte an das Flußbegradigungsprojekt. »Aber er ist doch mein Freund!« brach es plötzlich aus ihm hervor.
Seine Mutter strich ihm übers Haar. »Ja, Max, und das bleibt er immer, ganz gleich, was geschieht.«

Ein Bad mit Hindernissen

Während der nächsten Tage war Max sehr beschäftigt. Mit Absicht, es lenkte ihn davon ab, immerzu über Vigo nachzudenken und sich Sorgen zu machen.

Er hatte den Stapel Holz bei Mr. Wilcox abgeholt. Das dreizehnte Vogelhaus war fertig, und gemeinsam mit Andy und Caroline machte er sich an die Arbeit, seine Vogelheime an geeigneten Plätzen aufzuhängen.
Vigo war natürlich mit von der Partie. Er genoß die Touren sehr. Er konnte in kleinen Wasserläufen planschen, durch Gebüsche und hohe Gräser sausen, vorlaufen, um als erster an Ort und Stelle zu sein, und sich im Sand oder auf Steinen sonnen, wenn die drei wieder einmal eines der Häuschen an einem Baum befestigten.
Für Andy und Caroline war das Unternehmen eine einzigartige Gelegenheit, die Gegend zu erkunden. Denn einen besseren Führer als Max gab es nicht. Er kannte jeden Pfad, konnte ihnen Wollgras, wilde Orchideen und einen Dachsbau zeigen und wurde niemals müde, Dinge zu erklären.
Dafür, daß sie von vielem, mit dem er täglich umging, keine Ahnung hatten, konnten sie ja nichts. Ganz sicher war es umgekehrt genauso.
Andy und Caroline nahmen sich vor, sobald wie möglich die Eltern und Nani zu einem ausführlichen Spaziergang rund um Little Appington zu überreden. Sie mußten einfach sehen, wie schön es hier überall war. Vielleicht konnten sie sogar ein Picknick organisieren.
Max hatte die Erlaubnis erhalten, seinen Onkel anzurufen, und das tat er jetzt. Er wählte die Nummer.
»Aber mach es nicht zu lange, und laß mich hinterher auch kurz mit ihm sprechen«, bat seine Mutter im Vorbeigehen. Max nickte.
Der Onkel war da. Er freute sich, daß Max ihn anrief.
»Was verschafft mir das Vergnügen?« fragte er. Max erzählte ihm so knapp wie möglich, was vorgefallen war. Der Onkel hörte zu und sagte keinen Ton.
Als Max geendet hatte, stellte er ihm ein paar Fragen. Max konnte nicht alle beantworten, aber das machte nichts. Der Onkel versprach, sich mit der Sache zu be-

fassen. Er hatte auch bereits eine Idee, die Max großartig fand.
»Am Wochenende komme ich zu euch. Dann besprechen wir das Ganze«, sagte er. Es klang zuversichtlich.
Max nickte, aber das bekam der Onkel nicht mit.
»Nun laß mich noch mit deiner Mutter sprechen.«
Max fiel es siedendheiß ein. Das hätte er vor Aufregung vergessen. Sie wollte ja auch noch mit dem Onkel sprechen. Er rief seine Mutter, gab ihr den Hörer und verzog sich in den Garten, um die spannende Unterredung zu verdauen. Es war schon große Klasse, wenn man einen Onkel hatte, der so war wie seiner, dachte er und machte sich mit Vigo auf den Weg zu Mrs. Brannigan. Sie sollte unbedingt sofort erfahren, was geplant war.

Laura fühlte sich hundemüde und von Kopf bis Fuß verdreckt. Sie hatte sämtliche Regale nebst Büchern im Studierzimmer abgestaubt. Dabei war ihr aufgefallen, daß die Bücher im Regal neben dem Kamin nach einem bestimmten Schema umgeordnet worden waren. Sie fand es merkwürdig. Wer hatte das getan? Sie würde ihre Familie danach fragen, später.
Sie drehte die Hähne im Bad auf, legte ihre Sachen ab und zog Mortons Bademantel an. Er war so herrlich weit. Kritisch betrachtete sie ihr Gesicht im Spiegel. Irrte sie sich, oder waren da zwei nagelneue Falten?
Sie beschloß, sich eine Gesichtsmaske aufzulegen. Eine halbe Stunde für die Schönheit. Wenn sie mit dem Baden fertig war, wer weiß, vielleicht waren die Falten wieder weg.
Während sie aus einer Tube weiße Creme in einer dikken Schicht auf ihr Gesicht strich, sprudelte dampfend Wasser in die Wanne.
Wieviel Dampf entwichen war, bemerkte Laura erst, als der Spiegel beschlug. Dabei hatte sie gerade eben die obere Hälfte ihres Gesichts mit Creme bedeckt.

Sie schaute sich um. Im Badezimmer stand dichter Nebel. Laura konnte wohl noch die Umrisse des dunklen Boilergehäuses hoch oben an der Wand erkennen, nicht aber die Badewanne. Gab es so etwas überhaupt? Sie seufzte. Anscheinend ja.
Den Weg zum Fenster mußte Laura ertasten. Das Fenster ging nicht auf, nur die kleine Klappe oben, und das brachte so gut wie nichts. Auf dem Weg zur Tür stolperte sie über ihre Schuhe. Es war eine tröstliche Begegnung. Trotzdem, warum passierten solche Dinge immer, wenn sie einmal ein kleines bißchen an sich dachte und nichts als eine halbe Stunde behagliche Entspannung suchte?
Laura fand die Tür, drückte die Klinke, zog, probierte den Schlüssel, obwohl sie nicht abgeschlossen hatte, zog erneut und hatte die Klinke in der Hand.
Sprachlos betrachtete sie das altmodische Stück. Das konnte doch nicht wahr sein! Hatte sich denn heute alles gegen sie verschworen? Sie versuchte, die Klinke wieder einzusetzen. Es gelang ihr nicht. Sie begann zu rufen, zaghaft zunächst: »Nani, hörst du mich?« Keine Antwort. Laura probierte es etwas lauter. »Nani, ich bin im Badezimmer eingeschlossen!« Wieder keine Reaktion. Wahrscheinlich saß Nani im Eßzimmer und nähte vergnügt vor sich hin.
Inzwischen war der Nebel im Badezimmer so dicht, daß sie es mit der Angst bekam. Sie mußte das Wasser abstellen. Sicher war die Badewanne mittlerweile voll. Wie eine Schlafwandlerin ertastete sie den Weg dorthin. Daß sie angekommen war, merkte sie daran, daß sie sich die Knie anstieß. Vorsichtig tastete sie sich weiter.
Erst nachdem sie sich an einem Rohr die Finger verbrannt hatte, fand sie den Hahn.
Sie hätte sich nach allem, was passiert war, nur mäßig gewundert, wenn er in ihren Händen abgefallen wäre. Aber der Hahn benahm sich tadellos.

Laura wischte sich den Schweiß von der Stirn und hatte die Finger voller Creme. Sie ignorierte es, tastete sich zur Tür zurück und trommelte mit den Händen auf das Holz ein.
»Nani, hör mich doch! Ich bin im Bad und kann nicht raus!« Nani hörte nicht. Am liebsten hätte Laura vor Enttäuschung mit den Füßen aufgestampft. Nur, was nützte das, wenn man barfuß war? Vorsichtig ging sie zurück zum Fenster.
Dann mußte sie eben versuchen, Morton auf sich aufmerksam zu machen.
War es nur Einbildung, oder lichtete sich der Nebel etwas? Sie seufzte und stellte sich auf die Zehenspitzen, so daß sie der Klappe näher war.
»Morton! Kannst du mir helfen? Ich bin im Badezimmer eingeschlossen!«
Laura lauschte. Nichts rührte sich. Morton schien an der gegenüberliegenden Seite des Hauses zu arbeiten. Es war wie verhext! Schlimmer noch! Laura verlor endgültig die Geduld.
Auf den Zehenspitzen stehend, holte sie tief Luft und rief so laut sie konnte: »Hilfe!«
Und gleich noch einmal, weil es guttat.
Einen Augenblick lang geschah nichts. Plötzlich aber hörte sie ein Rumpeln. Das konnte nur Morton sein.
Im Eiltempo erstürmte er die Treppe. Unwillkürlich zog Laura die Schultern hoch. Jetzt gleich mußte er stolpern, über die Stufe, die ein bißchen höher war als die anderen. – Morton stolperte nicht.
»Laura, wo bist du?« rief er außer Atem.
»Hier, im Badezimmer!«
Morton riß die Tür auf und prallte zurück.
»Was ist denn mit dir passiert?«
»Oje!« Laura fiel ihre Maske ein. Sie mußte im Gesicht aussehen, wie ein farbloser Indianer auf dem Kriegspfad. Morton jedoch hatte sich bereits erholt.

»Wieso ist es hier so feucht?«
Seine Frau erzählte ihm, was geschehen war.
»Ich bin nur froh, daß dir auch mal so etwas passiert!« war sein einziger Kommentar.
In dem Augenblick knallte die Badezimmertür ins Schloß. Ein Durchzug zwischen Haustür und Badezimmerklappe hatte das besorgt.
Jetzt stampfte Laura wirklich mit dem Fuß auf. Worte, um zu sagen, was sie fühlte, fand sie nicht.
Inzwischen hatte sich der Nebel fast vollständig gelegt. Sehnsüchtig blickte Laura auf die Wanne.
Ob sie wohl noch in Frieden zu einem Bad kommen würde? Sicher war sie nicht.
Morton ging ans Fenster. Er riß und rüttelte daran und bekam es auf.
»Ich klettere hinunter«, sagte er und machte Anstalten, auf die glitschige Fensterbank zu steigen.
Laura hielt ihn davon ab. Gefangen zu sein in einem Badezimmer, das war eine Sache, aber Morton in den Ferien mit einem Sortiment von Gipsverbänden . . . Sie dachte lieber nicht weiter.
»Ruf Nani!« schlug sie vor.
Morton nickte. Er lehnte sich weit über die Fensterbank und rief: »Mutter! Kannst du mal kommen? Wir sind im Badezimmer eingeschlossen!«
»Es würde mich wundern, wenn sie das gehört hat«, sagte Laura und lächelte Morton unter ihrer Maske an.
Nani hatte es gehört. Sie kam die Treppe herauf, öffnete die Tür und blickte sprachlos auf die beiden. Laura kam sich vor, als hätte sie etwas verbrochen. Morton wollte etwas sagen, aber Nani sprach zuerst.
»Kinder, was macht ihr bloß? Ihr seid doch erwachsen!«
»Das ist ein Widerspruch in sich«, sagte Morton würdevoll und verließ schleunigst das Bad.
Laura erzählte Nani, was geschehen war. Die holte, ohne unnötige Worte zu verlieren, einen Schraubenzieher

und klemmte ihn so unter die Tür, daß sie nicht zufallen konnte. Als auch Nani verschwunden war, konnte Laura endlich baden.
Irgendwann würde noch einmal Max' Vater kommen müssen. Das war sicher. Es ging ja nicht, daß man jedesmal, wenn man Wasser in die Badewanne ließ, sie nur mit Hilfe eines Nebelscheinwerfers wiederfand. Und dann war da noch die Sache mit der Klinke.
Laura seufzte und tauchte tiefer in ihr Schaumbad ein. Sie hatte keine Lust, weiter darüber nachzudenken.

Der Kuschelzoo

Andy und Caroline hatten Lauras Badeabenteuer glatt verpaßt. Sie waren mit Max unterwegs gewesen, um alte Kisten aufzutreiben. Caroline hatte die Idee gehabt, daß man alte Kisten als Möbel benutzen konnte, wenn man sie anstrich.
Eine Kiste allein ergab ein erstklassiges Nachttischchen, drei bis vier über- oder nebeneinander ein Bücherbord. Drei Kisten hatten sie bereits zusammen.
Heute wollten sie sie streichen, weiß, und zwar bei Max. Der hielt einem wenigstens nicht vor, daß man die Farbe zu dick auftrug.
Als sie ums Haus herum auf die Terrasse kamen, stießen sie auf Ruth, die anscheinend ihre gesamten Kuscheltiere lüftete.
Ein »kahlgeliebter« Teddybär saß neben einem rotbesockten Pinguin in der Sonne, und auf einem Kinderstuhl drängelten sich eine einäugige Katze, ein Hund, eine Schlange aus grünweißem Ringelplüsch und ein kleiner Löwe.
Ruth war sehr beschäftigt mit ihrem kleinen Zoo.
»Wo ist Max?« fragte Andy sie.
Die Kleine sah ihn mit ihren blauen Murmelaugen an.

»Weggefahren. Vigo suchen.« Plötzlich fing sie an zu weinen. »Er findet ihn doch?«
Caroline bekam einen ordentlichen Schreck. Sie kniete sich zu Ruth und versuchte, sie zu trösten. »Bestimmt findet er ihn. Weißt du, wohin er gefahren ist?«
Ruth zog geräuschvoll die Nase hoch und nickte, daß ihre roten Haare nur so wippten. »Zum Strand.«
Caroline stand auf. »Na, dann fahren wir ganz schnell hinterher und helfen ihm beim Suchen. Wir bräuchten bloß ein Rad.«
»Meins könnt ihr nehmen«, bot Ruth an.
Andy lächelte freundlich. »Ein bißchen größer müßte es schon sein. Ist deine Mutter in der Küche?« Ruth lief los, um nachzusehen. Ebenso schnell kam sie zurückgewetzt.
»Ja, sie ist in der Küche, und ihr Rad könnt ihr auch nehmen.«
»Prima! Halt die Ohren steif, kleine Maus!« rief Andy Ruth ermunternd zu, und er und Caroline flitzten los.
Caroline saß auf dem Gepäckträger. Das Rad hatte vorn einen Einkaufskorb, aber in den paßte sie natürlich nicht hinein.
Andy radelte so schnell er konnte. Nach der Hälfte der Strecke tauschten sie die Plätze. Hoffentlich war Vigo nichts passiert. Immer wieder sagten sie sich das.
Über die Wiese rannten sie. Der Klippenpfad wurde zur Rutschpartie.
»Siehst du was?« fragte Caroline außer Atem.
Andy schüttelte den Kopf. Der Strand war menschenleer. Und einen Otter sah er auch nicht.
»Da!« Caroline zeigte mit dem Finger. Hatte sich hinter dem Felsen nicht etwas bewegt? Die beiden rannten los.
Hinter Vigos Lieblingsfelsen fanden sie Max' Anglertasche. Es war eine, ähnlich wie sie auch Zeitungsausträger benutzen, mit einer breiten Lasche aus Stoff zum Überklappen. Die Lasche flatterte im Wind.

In der Tasche befand sich ein Fisch in Zeitungspapier eingewickelt. Warum hatte Max sie wohl liegenlassen? Und wo war er?
»Bestimmt ist er in die andere Bucht gegangen«, meinte Caroline. Das war möglich.
»Komm!« Andy war schon ein gutes Stück gerannt, als Caroline noch überlegte, ob sie die Tasche liegenlassen sollte. Schnell nahm sie den Fisch heraus und steckte ihn mitsamt dem Papier in ihre Hosentasche. Vielleicht wurde er gebraucht, wenn sie Vigo fanden. Die Tasche beschwerte sie mit einem Stein. Dann folgte sie, so schnell sie konnte, ihrem Bruder.
An der Felsennase holten die beiden sich diesmal nicht nur nasse Füße. Bis an ihre Knie klatschten die auslaufenden Wellen. Zum Glück war der Boden hart und eben. Sie bahnten sich ihren Weg zwischen einzeln aufragenden Felsbrocken.
»Kannst du was sehen?« fragte Caroline ihren Bruder, der noch immer einen Vorsprung hatte.
Andy schüttelte den Kopf. »Nein! – Das heißt, doch! Dahinten! Irgend etwas liegt da. Aber es sieht nicht aus wie Max. Vielleicht ist es eine . . .«
. . . Tonne, hatte Andy sagen wollen. Aber da war Caroline schon an ihm vorbeigeflitzt. Jetzt konnte er zusehen, daß er ihr auf den Fersen blieb.
Mit nassen Shorts, die Sandalen in der Hand, spurtete sie am Wasser entlang. Anscheinend brauchte Andy eine Brille. Caroline hatte sofort erkannt, daß das Max war. Oder hatte sie es nur ganz fest geglaubt?
Sie behielt recht. Max hockte im Sand. Vor ihm lag ein feuchter Klumpen Fell – Vigo. »Ist er – tot?« fragte Caroline ängstlich und vollkommen außer Atem.
Max schüttelte den Kopf. »Nein. Aber er ist so schlapp, daß er sich kaum bewegen kann. Während der ganzen Zeit, in der ich hier bin, hat er nur einmal den Kopf ein bißchen hin und her gedreht.

Caroline streichelte Vigos feuchtes Fell. Vigo fühlte sich warm an, und sie spürte, daß er atmete. Das war sehr beruhigend.
»Was ist passiert?« fragte Andy keuchend.
»Bin ich froh, daß ihr da seid«, sagte Max, und es klang wirklich sehr erleichtert. »Was passiert ist, weiß ich auch nicht. Vorstellen kann ich es mir aber. Bestimmt ist Vigo mit dem Weibchen zu einer der beiden Inseln hingeschwommen.«
»Und als er zurückkommen wollte, hat er schlappgemacht«, meinte Caroline. »Beinahe«, fügte sie hinzu.
Ja, so konnte es gewesen sein.
Dieser Meinung war auch Max. Vigo hatte seine Kräfte ganz einfach überschätzt.
Nur gut, daß er so zäh war und fit genug. Sonst wäre dieses Abenteuer anders ausgegangen.
»Wäre es nicht besser, wenn wir ihn nach Hause in sein Gehege bringen?« meinte Andy. »Vielleicht dauert es noch Stunden, bis er sich erholt hat.«
Max sah Andy an. »Ich kann ihn nicht bis nach Hause tragen. Er ist zu schwer.«
»Dann lösen wir uns eben ab«, schlug Andy vor.
Davon aber wollte Max nichts wissen.
»Es ist nicht gut, wenn er alle paar Minuten auf einen anderen Arm kommt, und länger hält das keiner von uns aus.« Max wußte, wovon er sprach. Vigo hatte das letztemal, als er ihn gewogen hatte, siebzehn Pfund auf die Waage gebracht, und inzwischen hatte er ganz sicher noch etwas zugenommen.
»Wir müssen etwas finden, worauf wir ihn transportieren können«, meinte Caroline, »wenigstens bis zu den Rädern. Von dort könnte er im Einkaufskorb vorn am Fahrrad deiner Mutter fahren.«
»Prima Idee!« sagte Andy.
Das fand auch Max. »Ein alter Sack oder ein Stück Plane wären genau das richtige.«

Caroline sprang auf, und aus ihrer Hosentasche fiel der Fisch mitsamt Verpackung.
»Ist es der aus meiner Anglertasche?« fragte Max.
Caroline nickte. »Glaubst du, Vigo könnte ihn jetzt fressen?«
Max glaubte es nicht. Dennoch packte er den schuppigen Leckerbissen aus und legte ihn vor Vigo hin.
»Vielleicht frißt er ihn später«, meinte Max.
»Komm!« trieb Andy Caroline an. »Wir wollen sehen, ob wir etwas finden.« Die beiden zogen los.
»Eine Plane wäre toll!« rief Max ihnen hinterher. Daß er nicht mitsuchte, sondern bei Vigo blieb, war klar.
Der Strand war sehr sauber.
»Viel zu sauber«, sagte Caroline fast bedauernd. Auf den ersten Blick sah es so aus, als würden die beiden niemals etwas aufstöbern, das als Trage für Vigo in Frage käme. Da hatte Andy einen guten Einfall.
»Wir müssen weiter oben suchen, bei den Klippen, wo auch mal was hängenbleiben kann.«
Die beiden trennten sich. Wenn einer etwas fand, würde er den anderen rufen.
Wie ein Spürhund fahndete Caroline in dem spärlichen Gebüsch, das sich tapfer an der steilen Küste hielt.
Außer alten Plastikflaschen, Tau-Enden und von der Sonne weißgebleichten Brettern fand sie nichts.
Gerade überlegte sie, wo sie sonst noch suchen könnte, als ihr Bruder rief. So schnell sie konnte, lief sie zu ihm.
Andy zerrte an einer Plastikplane, die dicht neben einem Felsen tief im Sand versunken war. Ein gutes Stück guckte jedoch heraus, und es sah brauchbar aus.
»Zieh mal hier an diesem Ende«, forderte er seine Schwester auf. Während Caroline zog, schaufelte er mit den Händen ein weiteres Stück Plane frei. Aber es brachte nur sehr wenig.
»Die kriegen wir nie raus.« Caroline stöhnte. Es sah ganz so aus, als ob sie recht hatte. Sie waren enttäuscht.

»Was jetzt?« fragte Andy.
Caroline zuckte mit den Schultern. »Vielleicht könnten wir nach Hause fahren, um etwas zu holen.«
»Das würde doch Ewigkeiten dauern.« Andy sah sich, nicht gerade hoffnungsvoll, suchend um. Da entdeckte er in einem der dornigen Büsche mehrere Meter oberhalb der Wasserlinie etwas, das vielleicht in Frage kam. Von weitem sah es aus wie ein Stück Segeltuch. Schnell zog Andy seine Schuhe an und kletterte hinauf.
»Es ist ein uralter Liegestuhl!« rief er seiner Schwester zu, als er oben angekommen war. »Er muß von der Klippe abgestürzt sein!«
Er zog und trat das morsche Gestell frei. »Achtung!« Ein weiterer Tritt, und der betagte Stuhl polterte die Klippe hinab direkt auf Caroline zu.
»Er ist klasse!« rief sie begeistert aus. »Genau, was wir brauchen!«
Kaum war Andy wieder unten angekommen, machten die beiden sich daran, das Segeltuchteil aus dem Holzgewirr zu lösen. Zum größten Teil gelang es ihnen. Nur an der Oberseite bekamen sie das Holz nicht los. Aber das machte nichts. Im Gegenteil, das Holzstück war ein prima Tragegriff.
Die dreihundert Meter Weg zurück zu Max und Vigo liefen sie.
Max staunte nicht schlecht, als er sah, was seine Freunde aufgetrieben hatten.
»Hat Vigo sich bewegt?« fragte Caroline.
Max schüttelte den Kopf. Sein Freund lag fast genauso reglos auf der Seite wie der Futterfisch.
»Laßt ihn uns schnell nach Hause bringen«, drängte Caroline.
Vorsichtig legten sie Vigo auf das Segeltuch. Der Fisch kam zu seiner Gesellschaft mit dazu.
Ein langer, beschwerlicher Weg zurück zu den Fahrrädern begann. Von schnell konnte wirklich nicht die Rede

sein. Denn ein ausgewachsener Fischotter war auch für zwei Personen schwer zu tragen.
Besonders schwierig wurde es an der Felsennase, wo das Wasser allen mittlerweile bis zur Körpermitte ging. Nur Max hatte Badesachen unter seiner Kleidung an. Andy und Caroline trugen Shorts.
»Dann werden wir eben naß«, meinte Caroline und nahm Max' Sachen in Empfang. Er und Andy wollten Vigo um die Klippe tragen.
Gerade als es knifflig wurde, weil sie die Plane sehr hoch halten mußten, kam eine besonders hohe Welle.
Max, der um nichts in der Welt die Plane losgelassen hätte, prallte gegen einen Klippenvorsprung. Er holte sich einen ordentlichen Kratzer, der etwas später höllisch zu brennen anfing.
»Wir hätten oben herum gehen sollen«, sagte Caroline, als sie die rote, abgeschürfte Stelle an Max' Schulter sah, »über die Klippen.«
Max zog sein Sweatshirt über. Er war anderer Meinung. »Der Weg führt durch Dornenbüsche, Disteln und hohes Gras.« Da mußte man die ganze Zeit aufpassen. Hier unten war nur die Felsennase zu umgehen, und die hatten sie jetzt hinter sich.
Vigo schien von all dem Theater nichts zu bemerken. Er lag so reglos da wie eine Wärmflasche. Das letzte Stück trugen ihn Andy und Caroline.
Endlich bei den Fahrrädern angekommen, hob Max Vigo von der Plane und legte ihn vorsichtig in den Einkaufskorb. Der Otter paßte genau hinein.
Andy übergab Max das Rad, das er gehalten hatte, und schwang sich selbst vor Caroline auf die Stange von Max' fahrbarem Untersatz.
Mit Rücksicht auf Vigo und weil sie müde waren, fuhren sie viel langsamer als sonst.
Als sie ihr Ziel erreicht hatten, war Ruth immer noch auf der Terrasse. Die einäugige Katze in den Armen,

rannte sie sofort ins Haus, um ihrer Mutter zu berichten, daß Vigo wieder da sei.
Mrs. Nelles hatte die drei schon kommen sehen und suchte erst einmal für alle trockene Kleidung heraus.
Vigo wurde in der Sonne vor seinem Haus auf ein Nest aus Gras gebettet.
Ruth rannte, um ihren Kuschel-Pinguin zu holen, damit Vigo Gesellschaft hatte.
Der Pinguin erschien ihr am passendsten, weil er ebenso gut schwamm und tauchte wie ein Otter. Nicht ihrer natürlich, denn er war ja aus Plüsch, aber seine lebenden Verwandten.
Als ob Vigo sonst keine Gesellschaft hätte! Die drei waren, sobald sie sich umgezogen hatten, wieder bei ihm.
Caroline trug Max' Streifenjeans zu ihrem Ringelpulli.
»Komisch«, meinte Max, während er Vigo streichelte, »an dir sieht sie richtig gut aus. Mich mochte ich nie besonders darin leiden.«
Ja, komisch. Caroline wußte dazu nichts zu sagen.
Plötzlich bewegte sich Vigo. Der windgeschützte Platz in der Sonne schien ihm gutzutun. Er streckte sich ein bißchen. Es sah beinahe aus, als fühle er sich wohl. Alle freuten sich.
»Meinst du, er hat Hunger?« fragte Andy Max.
Der wollte gerade etwas sagen, als seine Mutter mit einer kleinen Schale kam.
Sie hatte Haferbrei gekocht und etwas Lebertran hineingegossen. Es war nicht zu überriechen.
Jedenfalls fand Vigo das, denn er öffnete und schloß seine Nasenlöcher interessiert, als Max das Schälchen vor ihm auf den Boden stellte.
Aber fressen wollte er nicht.
»Vielleicht ist der Brei noch zu warm«, meinte Caroline.
Oder Vigo war noch zu müde.
Eine Stunde später war er nicht mehr müde. Er hatte das Breischüsselchen ganz leer gefressen und strich im ho-

hen Gras an seinem Teich umher, so als wäre er sehr lange weg gewesen und als wollte er jetzt sehen, wie alles in der Zwischenzeit gewachsen war.

»Ich glaube, wir gehen nach Hause«, meinte Andy. »Die werden sich schon wundern, wo wir bleiben.«

»Mach's gut, Vigo!« verabschiedete sich Caroline.

»Du machst aber auch Sachen!« fügte Andy nachdenklich hinzu.

»Ja«, wiederholte Ruth wie ein Echo, »du machst aber auch Sachen!«

Andy hatte sich getäuscht. Die zu Hause wunderten sich nicht, wo sie so lange blieben. Inzwischen hatten sie sich wohl daran gewöhnt, hin und wieder auf unbestimmte Zeit kinder- und enkelkinderlos zu sein.

»Na, habt ihr alle Kisten angestrichen?« fragte Laura.

Ach! Die Kisten! Daran hatten sie nicht mehr gedacht. Bevor sie jedoch antworten konnten, wurde die Fragerei schon fortgesetzt.

»Caroline, wieso trägst du diese Streifenjeans? Du hast doch nicht etwa deine hübschen Shorts mit Farbe vollgekleckert?«

Caroline fühlte sich ins Verhör genommen. Am liebsten hätte sie etwas Patziges geantwortet.

Andy kam ihr zuvor.

»Und daß ich anstatt meiner hübschen Shorts andere hübsche Shorts anhabe, sieht kein Mensch«, entrüstete er sich mit verstellter Stimme. »Wir haben nicht gemalert. Vor euch stehen zwei Otter-Samariter. Freut euch, daß wir noch am Leben sind.«

Laura sah erschreckt aus.

»So schlimm war es nun auch wieder nicht«, beruhigte Caroline sie und erzählte, was sich zugetragen hatte. Vigo wurde sehr bedauert.

Das Picknick

Der obere Teil von Strawberry House war tatsächlich fertig geworden – gestrichen natürlich nur, und die Gardinen hingen überall. Auch hatte Max' Vater inzwischen die merkwürdige Sache mit der Dampfentwicklung im Badezimmer repariert. Es war nur eine Kleinigkeit gewesen, hatte er behauptet. Komplett möbliert waren die oberen Räume bisher nicht, und auch Carolines Kistenmöbel warteten immer noch auf ihren Anstrich. Dafür war der Schornsteinfeger dagewesen, und ein Dachdecker hatte den Sandifers bestätigt, daß das Dach von Strawberry House tadellos in Takt sei.
Morton hielt den Zeitpunkt für gekommen, etwas ganz Besonderes zu unternehmen.
»Wie wäre es, wenn wir einen richtigen, schönen Ausflug machten?« fragte er seine Familie. »Mit Rucksäcken und Picknick!«
»Au ja!« äußerte sich Caroline begeistert. »Wir könnten euch den Fluß zeigen und die Wollgraswiesen und den Otterfelsen.«
»Ja, und den Wald, in dem Max' Vogelhäuschen hängen, und die einsame Bucht, wo Vigo verschwunden ist«, steuerte Andy bei.
Höchste Zeit, daß Nani und die Eltern sahen, wie schön die Gegend war, in der sie ihr Sommerquartier aufgeschlagen hatten. Diese ewige Renoviererei sollte nicht der Normalzustand bleiben!
Damit war die Angelegenheit perfekt. Gleich am nächsten Morgen nach dem Frühstück wollte man aufbrechen – falls es nicht in Strömen regnete. Aber es sah nicht danach aus.

»Die Hühnchen müssen wir zerteilen, bevor du sie in Folie einpackst«, wies Laura Caroline an. »Und den Salat bitte in die große Dose da.« Dieser Satz galt Andy.

Laura selbst tupfte gerade eine große Menge Erdbeeren mit Küchentüchern ab, bevor sie diese ebenfalls in eine Dose packte.
Ein Kuchen und eine Thermosflasche Kaffee kamen noch ins Gepäck und natürlich Campinggeschirr.
»Und was trinken wir?« fragte Caroline.
»Das sucht ihr euch am besten selber aus«, antwortete die Mutter.
Andy verschwand in der Speisekammer und kam mit ein paar Flaschen Apfelsaft zurück.
»Die trage ich«, bestimmte er.
»Vergiß den Öffner nicht«, erinnerte ihn Caroline. »Sonst geht es uns nachher wie den ‚Drei Mann in einem Boot'.«
»Wie?« fragte Andy, der sich an Einzelheiten aus Büchern und Filmen nie so erinnerte wie Caroline.
»Sie versuchen zu dritt, eine Ananasdose mit einem Ruder aufzumachen, weil sie keinen Öffner haben«, war die Antwort. »Und es klappt nicht.«
Andy steckte mit großer Geste einen Öffner ein.
»Zufrieden?« fragte er und grinste.
Caroline streckte ihm die Zunge heraus.
Während die anderen noch mit den Vorbereitungen im Haus beschäftigt waren, schritt Morton durch den Garten und schnitt Wanderstäbe.
Einen halben Haselbusch hatte er bereits zerhackt.
Morton war der Meinung, daß viel Geschick dazu gehörte, genau die richtigen Triebe für Wanderstäbe auszumachen. Einige waren zu dick, die meisten nicht dick genug, und die, die ihm anfangs als passend erschienen waren, erwiesen sich als krumm.
Morton seufzte. Um ihn herum bildete sich ein Blättermeer und ein Gewirr von abgehackten Ästen. Zwei Wanderstäbe hatte er bereits. Fehlten noch drei.
Plötzlich standen Andy und Caroline fertig gestiefelt und bepackt vor ihm.

»Was machst du?« fragte Caroline.
»Büsche beschneidet man im Frühjahr«, sagte Andy. Das hatte er von Max gelernt.
Morton seufzte erneut.
»Ich schneide Wanderstäbe«, informierte er die beiden.
»Wir brauchen keine. Wir wandern so«, war Carolines Antwort.
Morton blickte seine Tochter verwundert an. Caroline hatte das Gefühl, er würde gleich sagen, daß man ohne Wanderstab überhaupt nicht wandern könnte. Das sagte er jedoch nicht.
»Um so besser. Fehlt mir nur noch einer«, gab er statt dessen von sich.
Andy zog aus dem Stockgewirr einen heraus. »Was ist mit diesem hier?« wollte er von Morton wissen.
»Er ist nicht gerade«, war die Antwort.
»Na und?« Caroline zuckte mit den Schultern. »Wanderstäbe müssen doch nicht gerade sein wie ein Lineal. Bestimmt wandert Nani auch mit einem krummen. Wir können sie gleich fragen.«
»Natürlich nehme ich auch einen krummen«, versicherte Nani, die eben in den Garten kam.
Morton knurrte etwas Unverständliches. Fehlte nur noch, daß auch sie anmerkte, Büsche beschneide man im Frühjahr.
Die Wanderung wurde ein voller Erfolg. Die Erwachsenen genossen es, einmal etwas ganz anderes zu tun, und Andy und Caroline gefiel es zu bestimmen, wo es entlang ging.
Oben auf dem Bergkamm, von wo aus man das Flußtal überblicken konnte, machten sie die erste Rast. Laura, Nani und Morton waren begeistert. Das Tal war wirklich wunderschön.
»Hoffentlich bleibt es so, wie es ist«, sagte Caroline leidenschaftlich.
Erstaunt blickten die Erwachsenen sie an.

»Das Sägewerk soll vergrößert und der Fluß begradigt werden.« Andy deutete mit dem Arm in Richtung Sägewerk. »Das haben wir euch doch erzählt.«
Ja, das stimmte. Aber die Kinder erzählten jeden Tag so viel, wenn sie nach Hause kamen, so daß die Bedeutung dieser Sache irgendwie untergegangen war. Jetzt, nachdem sie den Fluß gesehen hatten und gleichzeitig Näheres über das Projekt erfuhren, sah alles anders aus. Morton zerbrach sich bereits den Kopf.
»Könnte man nicht . . .«, begann er.
Aber Andy unterbrach ihn: »Wir tun schon alles«, sagte er mit Nachdruck. »Max war bei Mrs. Brannigan, und sein Onkel hilft uns auch. Er ist Naturschutzbeauftragter in einem Ministerium.«
»Könnte man nicht«, nahm Morton einen neuen Anlauf, »Unterschriften sammeln? Damit man weiß, wer überhaupt für das Begradigungsprojekt ist und wer nicht.« Andy und Caroline schauten einander an.
»Die Idee ist große Klasse«, sagte Andy anerkennend, und auch Caroline bescheinigte Mortons Vorschlag erste Qualität. Das Beste daran war, daß auch Kinder Unterschriften sammeln konnten. Man mußte nicht warten, bis die Erwachsenen etwas unternahmen.
Auch Laura und Nani fanden, daß Unterschriften sammeln eine ausgezeichnete Maßnahme war. Mehr als eine Abfuhr konnte man nicht bekommen. Und selbst wenn es darauf hinauslief, machte es doch die Leute nachdenklich. Und, wer konnte es wissen, vielleicht gaben sie später doch noch ihre Unterschrift dafür her, daß der Fluß so erhalten bleiben sollte, wie er war.
Daß es nicht nur um die Schönheit der Landschaft ging, sondern auch um den Fortbestand der Tier- und Pflanzenarten, die in der Umgegend des Flusses ihr Zuhause hatten, war den Erwachsenen klar.
Vigo war das beste Beispiel dafür. Und jetzt, wo es hier in der Gegend wieder ein Otterweibchen gab, bekam die

Sache noch zusätzlich Gewicht. Nein, man konnte nicht einfach zusehen, wie eine Tierart auf Nimmerwiedersehen verschwand.
Auf der Wiese oberhalb der Klippen, die zum Meer abfielen, veranstalteten die Sandifers ihr Picknick.
Caroline meldete ihren Wunsch nach einem Hühnerbein an, während ihre Mutter auspackte. Das Bein in der Hand, deutete Caroline Nani und den Eltern an, wie groß das Revier war, in dem sich Vigo bewegte.
»Das sind ja mehrere Quadratkilometer«, äußerte Morton überrascht. Caroline nickte und biß in das Hühnerbein. Sie war nicht sicher, ob das Revier für Otter nicht noch viel größer war. Vigo lebte ja nicht frei.
»Ein kleines Tier wie er braucht so viel Platz! Wer hätte das gedacht!« Gedankenverloren legte sich Nani Salat auf ihren Teller.
Als das Picknick seinem Ende zuging, fühlten sich alle so gesättigt, daß der Gedanke an den Rückweg nicht behaglich war.
»Macht, was ihr wollt! Ich lege mich ein Stündchen hin«, löste Morton das Problem für sich. Nani und Laura folgten seinem Beispiel. Vielleicht konnte man die bereits verhandene Bräune noch vertiefen.
Andy und Caroline gingen an den Strand. Tagsüber schlafen, das war nichts für sie. Sie badeten ihre Füße, sammelten Schneckenhäuser und ließen Sand durch die Finger rieseln.
Komisch, das Wasser war hier nie so richtig warm. Deshalb hatten sie bisher auch keine Lust gehabt zu baden. Carolines Gedanken wanderten. Was Max' Onkel wohl in der Flußsache unternehmen wollte? Ob er so viel Einfluß hatte, daß er den Leuten vom Sägewerk einfach verbieten konnte, den Fluß zu begradigen? Das erschien ihr unwahrscheinlich. Verbote fand sie sowieso nicht gut. Überzeugen müßte man die Leute. Das wäre etwas ganz anderes.

Nani tauchte oben am Rand der Klippe auf.
»Kommt runter!« brüllte Andy und winkte ihr zu. »Hinter dem großen Busch!« Nani begriff gleich, daß dort ein Trampelpfad sein mußte. Vorsichtig trat sie den Abstieg an. Laura und Morton folgten ihr.
»Jetzt seht ihr endlich mal den Strand«, sagte Caroline.
Morton schmunzelte. »Meinst du, deine armen Eltern sind noch nicht bis hierher vorgedrungen?«
Andy und Caroline machten große Augen.
»Gleich in den ersten Tagen waren wir hier.«
»Als ihr gerade für Ewigkeiten weg wart«, ergänzte Laura und lachte.
»Aber davon habt ihr uns ja überhaupt kein Wort erzählt!« entrüstete sich Caroline.
»Ich habe es versucht«, sagte Morton amüsiert. »Aber als ihr nach Hause kamt, hattet ihr so viel zu erzählen, daß wir nur hier und dort ein Wort dazwischenschieben konnten.«
Andy und Caroline sahen einander betroffen an. Redeten sie wirklich so viel? Aber es passierte ja auch jeden Tag etwas. Trotzdem nahmen sie sich vor, zukünftig darauf zu achten, daß jeder zu Wort kam.
Wieder zu Hause, fand Laura auf dem Fußboden des Studierzimmers einen Stapel Bücher vor.
»Habt ihr die liegenlassen?« fragte sie die Kinder. Nein, Andy und Caroline hatten nichts damit zu tun. Das gleiche versicherten Nani und Morton. Allmählich kam Laura das Studierzimmer nicht mehr ganz geheuer vor.

Die Plakat-Aktion

Max schrieb gerade an einer neuen Ausgabe der Zebra-Zeitung, als Andy und Caroline bei ihm eintrafen.
Ruth hatte Puppenzeug gewaschen und war dabei, es aufzuhängen.

»Wie geht es Vigo?« wollte Caroline wissen.
»Er ist wieder fit«, antwortete Max. »Aber heute nacht mußte er zu Hause bleiben.«
Die Gehegetür aufzulassen, hatte Max nicht fertiggebracht. Caroline konnte das verstehen.
»Und was ist hier los?« wollte Andy von Ruth wissen. »Hast du große Wäsche?« Die nickte und sah ihn mit ihren Murmelaugen ernst an.
»Übermorgen beginnt doch der Kuscheltierwettbewerb«, informierte Max die Freunde. Als ob das eine Erklärung wäre! Caroline schaute ungläubig drein.
»Komisch, ich hab' Kuscheltierwettbewerb verstanden«, sagte Andy ratlos.
»Richtig.« Sorgfältig knickte Max einen Zebra-Bogen genau in der Mitte.
»Was ist das nun wieder? Spuck schon aus!« forderte Caroline ihn auf.
»Alle Kinder bis zu zehn Jahren können übermorgen ihr liebstes Kuscheltier im Spielwarengeschäft in Little Appington abgeben. Für eine Woche kommen alle ins Schaufenster, und am Ende werden sie prämiert, von größeren Kindern«, erzählte Max. »Ich sollte auch in der Jury sein. Aber ich wollte nicht, weil Ruth mitmacht und ich deshalb nicht unparteiisch bin.«
Andy und Caroline staunten. Ein Kuscheltierwettbewerb! So etwas gab es in London nicht, jedenfalls nicht, daß sie wüßten.
»Und mit wem startest du?« fragte Andy Ruth.
Die zuckte mit ihrem ganzen kleinen Körper. Das war das Schlimmste an dem Wettbewerb. Man mußte sich entscheiden. Bis jetzt hatte sie es nicht gekonnt.
Und dann mußte man sein Lieblingskuscheltier weggeben. Für eine ganze Woche! Das war auch nicht gerade schön. Andererseits war es spannend. Zum Glück konnte man sein Tier besuchen, jeden Tag, wenn man wollte, und es wenigstens durch die Scheibe sehen. Und wenn

die Woche herum war, hatte man vielleicht etwas gewonnen, Bausteine, eine Puppe oder einen Roller.
»Am allerliebsten würde ich mit Vigo mitmachen«, sagte Ruth. Aber das ging natürlich nicht. Er war ja ein lebendes Tier.
Vigo war sogar sehr lebendig! Gerade störte er Max nach Strich und Faden. Er war auf das Dach seines Häuschens geturnt und ließ sich nun mit einem Plumps auf der Zebra-Zeitung nieder.
»Oh!« Max stöhnte. »Schafft euch ja nie einen Otter an. Immer wollen sie, daß man sich um sie kümmert.« Energisch schob er Vigo weg. Der aber fand das lustig. Mit zwei Sätzen war er wieder da. Kurzerhand hielt Max ihn fest und zog mit der freien Hand die Zeitung unter ihm weg. Die Idee war jedoch nicht so gut gewesen, denn jetzt hatte die Zeitung einen Riß.
»Du willst wohl, daß ich alles zweimal machen muß«, sagte er mit ernster Stimme. Wie zur Antwort schnatterte Vigo übermütig und sprang ins Gras.
»Vielleicht kannst du sie noch als Kladde benutzen«, meinte Caroline mitleidsvoll. »Wir helfen dir mit der Zeitung, wenn du willst.«
Aber daraus wurde nichts. Andy erinnerte sich plötzlich, weshalb sie eigentlich gekommen waren.
»Unserem Vater ist gestern etwas Großartiges eingefallen«, kam er zur Sache. Gemeinsam mit Caroline erzählte er von Mortons Idee, Unterschriften für den Erhalt der Flußlandschaft zu sammeln.
»Mensch, daß ich darauf nicht gekommen bin!« Max war voller Bewunderung für Morton.
»Wir könnten gleich anfangen«, schlug Caroline vor. Max aber war dagegen. »So was muß man vorbereiten.« Andy fand das sehr vernünftig. Zumindest brauchten sie richtige Listen, auf denen zu lesen war, worum es ging, mit Spalten für Name, Anschrift, Unterschrift und Datum. Diese mußten erst angefertigt werden.

»Außerdem möchte ich vorher hören, was für einen Plan mein Onkel hat«, argumentierte Max weiter. »Heute nachmittag kommt er hierher. Vielleicht können wir unsere Ideen dann zu einer Art Programm ausbauen.« Das klang nicht schlecht, und auf den halben Tag kam es auch nicht mehr an.
»Soll ich die Schlange nehmen?« fragte Ruth so unverhofft, daß alle erstaunt zu ihr rüberschauten. Natürlich spukte ihr der Kuscheltierwettbewerb im Kopf herum. Etwas anderes gab es augenblicklich nicht für sie.
»Nimm lieber ein anderes Tier«, meinte Caroline freundlich. »Sie ist zwar lustig mit den Ringelstreifen, aber Schlangen sind nicht besonders kuschelig.«
Ruth nahm ihre Schlange hoch wie einen Riesenregenwurm und betrachtete sie nachdenklich. Kuscheln konnte man schon mit ihr, fand sie. Aber vielleicht hatte Caroline recht.
»Trotzdem könnten wir die Listen vorbereiten«, schlug Andy vor. Er war wieder bei dem Rettungsprogramm für die Flußlandschaft.
Max nickte. »Ich hole Papier.« Schnell lief er zum Haus. Er mußte sowieso einen neuen Bogen für die Zebra-Zeitung holen.
Es wurde ein geschäftiger Vormittag. Max arbeitete an der Zeitung, Andy entwarf Listen, und Caroline strich ihre Möbelkisten weiß.
Und Ruth? Die plagte immer noch die Qual der Wahl. »Wenn ich nun die Katze nehme?« Zärtlich nahm sie die einäugige Kuschelkatze auf den Arm.
Caroline hielt mit dem Streichen inne. »Ich finde sie süß, und bestimmt ist sie ein tolles Tier. Aber andere Kinder sehen das vielleicht nicht so.«
Ruth brauchte einen Augenblick, um zu begreifen. »Meinst du, weil sie nur ein Auge hat?« stieß sie hervor, und schon saßen zwei Tränen gefährlich locker. Caroline nickte und legte ihren Arm um Ruths Schultern.

»Dann nehme ich sie erst recht«, sagte die Kleine und drückte ihre Katze fester an sich. »Ist doch mir egal, ob sie einen Preis gewinnt.«

Max schaute auf. Er hatte gerade ein Problem mit seiner Heldin Florence, dem eleganten Floh.

»Genauso würde ich es auch machen«, pflichtete er seiner Schwester bei.

Das gab den Ausschlag. Ruth war jetzt ganz sicher und gleichzeitig sehr erleichtert.

Caroline hatte eine Idee. »Komm mal mit«, flüsterte sie und nahm Ruth an die Hand. Die beiden entfernten sich verschwörerisch.

Als die Mädchen wiederkamen, strahlten sie. Die auserwählte Katze trug jetzt neben einer schwarzen Augenklappe einen Kaugummiautomatenring in ihrem linken Ohr, außerdem ein rotes Kopftuch.

Schnell holte Ruth einen Streifenpulli und eine fast trockene, blaue Puppenhose von der Leine. Beides wurde der Katze angezogen, und fertig war die verwegenste Piratenkatze, die es gab.

»Na?« fragte Caroline triumphierend.

Andy sah von seiner Arbeit auf. »Gar nicht übel.«

»Das ist ja Vigos Halstuch!« rief Max aufgebracht. Sofort beruhigte er sich jedoch wieder. »Na ja, Vigo kann auch mal eine Woche ohne Tuch gehen.«

Vielleicht brachte das Halstuch der Piratenkatze Glück. Pfiffig sah sie aus, das mußte man Ruth und Caroline lassen – hauptsächlich Caroline, ihre Ideen waren wirklich gut.

Max versuchte, sich wieder auf Florence, den Floh, zu konzentrieren. Aber es klappte nicht. Immerzu dachte er an Caroline. Seltsam verwirrt sah er zu ihr hin. Sie hatte wieder angefangen zu malen. Ein paar Haarsträhnen waren an den Spitzen weiß. Wie sie das hinbekommen hatte, war Max schleierhaft. Auf einmal blickte Caroline auf und direkt in sein Gesicht.

»Meint ihr, wir brauchen mehr als acht?« fragte da Andy. Niemand reagierte. »He, ich rede mit euch!«
Max zuckte zusammen. »Was?«
»Mensch!« Entrüstet schnappte Andy nach Luft. »Ich frage euch, ob wir mehr als acht Seiten brauchen.«
»Reg dich doch nicht gleich so auf!« rief Caroline ihrem Bruder zu. Es sollte ihn beruhigen, aber das Gegenteil trat ein.
»Macht doch eure blöden Listen selbst!« schimpfte er, warf den Stift beiseite und schob den Stuhl zurück.
»Gehst du jetzt etwa?« fragte Caroline ungläubig.
»Ja! Paßt dir das vielleicht auch nicht?« fragte Andy patzig und verschwand tatsächlich.
Caroline zog einen Flunsch und schüttelte den Kopf.
»Versteht ihr das?« fragte sie.
Ruth verstand es nicht, und auch Max zuckte mit den Schultern.
»Vielleicht kommt er wieder«, meinte er.
Caroline glaubte nicht daran. »Manchmal ist er ganz schön temperamentvoll«, meinte sie ein bißchen altkug.
»Das hat er von unserer anderen Großmutter. Die ist Italienerin.«
Max nickte verstehend. Trotzdem kam ihm Andys Verhalten seltsam vor.
»Mehr als acht Listenseiten brauchen wir bestimmt nicht«, sagte er, nur um etwas zu sagen.
Caroline war der gleichen Meinung.
»Wann hast du eigentlich Geburtstag?« fragte sie.
»Am neunundzwanzigsten Februar«, antwortete Max.
Caroline schaute ihn an. »Am seltsamsten Tag, den es gibt. Das ist bestimmt kein Zufall, denn irgendwie paßt es zu dir.«
»Und meiner ist im Dezember«, warf Ruth ein, bevor Max etwas sagen konnte. »Am siebenundzwanzigsten, da kriege ich ganz viele Geschenke.« Max und Caroline lachten.

Sie arbeiteten weiter, bis es Mittag war, Zeit für Caroline, sich auf den Weg zu machen.
Am Nachmittag wollte sie wiederkommen. Sie war neugierig auf diesen sagenhaften Onkel, von dem Max so begeistert erzählte.
»Bring Andy mit!« rief Max ihr hinterher, bevor sie um die Hausecke verschwand.
»Ich versuch's!« An ihr sollte es nicht liegen.
Sie trabte nach Hause, um ausnahmsweise einmal pünktlich zum Mittagessen dazusein.

Als Max' Onkel endlich eintraf, hatte er bereits ein längeres Gespräch mit Mrs. Brannigan hinter sich. Max hätte ihn am liebsten auf der Stelle ausgequetscht, um alles genauestens zu erfahren.
Der Onkel aber winkte ab. »Weißt du, daß mir deine Mutter Kaffee versprochen hat und vielleicht ein bißchen Kuchen?« sagte er und lachte.
Max fiel es schwer, Geduld zu haben. »Du kommst doch nicht von so weit her, um Kaffee zu trinken«, entrüstete er sich.
Ohne Erfolg, ausgiebig begrüßte der Onkel Vigo.
»Prächtig hat er sich herausgemacht«, lobte er Max für dessen Pflege. Als sie endlich das Haus betraten, war der Kaffeetisch bereits gedeckt.
»Also, was ist nun?« fragte Max, kaum daß der Onkel einen Schluck Kaffee genommen hatte.
David Wood-Roberts setzte seine Tasse ab.
»Um es kurz zu machen«, begann er, »es sieht so aus, daß die Besitzer des Sägewerks versuchen, vom Staat das Land zu pachten, durch das der Fluß hindurchfließt. Und wenn sie erst einmal Pächter sind, können sie mehr oder weniger machen, was sie wollen – vorausgesetzt, es gibt keine Proteste.
Leider steht eure Flußlandschaft bisher nicht unter Naturschutz. Dann wäre alles sehr viel einfacher. Zwar ha-

be ich entsprechende Anträge eingereicht, aber bis sie geprüft und für stichhaltig befunden sind, vergeht viel Zeit – Zeit, die wir nicht haben.
Aus diesen Gründen wäre es das beste, wenn ihr eine Interessengruppe gründen würdet, die geschlossen gegen die Landverpachtung an das Sägewerk protestiert.«
»Und wenn sie das Land nicht pachten können, können sie auch dem Fluß nichts tun«, folgerte Max.
»Ja, hat so ein Projekt denn Aussicht auf Erfolg?« fragte seine Mutter leise.
Der Onkel nickte.
»Wenn der Protest begründet ist und eine Gemeinde geschlossen dahintersteht.«
Was das betraf, hatte Max starke Zweifel.
»Den meisten ist es doch egal, was mit dem Fluß passiert«, meinte er bedrückt.
»Diejenigen, denen es egal ist, sind nicht das Problem«, entgegnete der Onkel. »Oft bedeutet Gleichgültigkeit nur Mangel an Information, und die liefern wir den Leuten, dafür garantiere ich. Hört zu, was ich mir ausgedacht habe.«
Der Onkel rückte mit seinem Plan heraus.
Max hätte es vor Spannung und Ungeduld auch kaum länger ausgehalten.
Einen Vortrag im Gemeindehaus wollte der Onkel halten, mit farbigen Dias und allem Drum und Dran. Die Veranstaltung sollte durch Plakate rechtzeitig angekündigt werden.
»Danach wollen wir mal sehen, wie die Sache steht«, beendete David Wood-Roberts seinen Bericht.
Was für Meinungen im Ort vorherrschten, könnte man leicht mit einer Unterschriftensammlung prüfen. Max erzählte von Morton Sandifers Idee.
»Sehr gut!« Der Onkel nickte anerkennend. »Und Listen habt ihr auch schon vorbereitet? Ich muß sagen, ihr seid wirklich toll.«

In dem Augenblick kam Caroline durch die Terrassentür. Sie wurde dem Onkel vorgestellt. Max erzählte ihr, was sie besprochen hatten. Die Sache mit dem Vortrag fand sie überwältigend.
»Bestimmt kommen viele«, meinte sie. »Und die Unterschriften kriegen wir dann schon.«
Dieser Meinung war auch Max. Sein Onkel hatte ihm wieder richtig Mut gemacht.
»Vielleicht könnte Ruth ein Plakat für den Gemeindesaal malen«, schlug Caroline vor.
Der Onkel wußte, wie gut seine kleine Nichte malte.
»Hättest du dazu Lust?« fragte er sie.
Ruth nickte. Im Arm hielt sie die Piratenkatze. Ab morgen würde ihr Kuscheltier für eine Woche fort sein. Da wollte sie die Katze jetzt lieber ganz nah bei sich haben.
In einer Woche, am kommenden Freitag abend, sollte der Vortrag sein. Ankündigungsplakate hatte der Onkel bereits mitgebracht. Drei Dinge mußten noch eingetragen werden: Datum, Uhrzeit, Ort. Das war schnell erledigt. Aushängen wollten Max und Caroline die Plakate noch am selben Tag.
»So, und nun erzählt mir mal von Vigos Freundin«, verlangte der Onkel, nachdem alles, was den Vortrag anbelangte, besprochen war. »Es gibt sie doch?«
Natürlich gab es sie. Max Augen loderten. Glaubte der Onkel etwa, er, Max, hätte ihm etwas vorgemacht? Nein, das glaubte der Onkel nicht. Aber man konnte sich ja irren. Nicht eben häufig bekam man einen Otter zu Gesicht, und wenn Max von dem Weibchen bisher nur Spuren gesehen hatte . . .
Max ließ keinen Zweifel an seinen Beobachtungen bestehen. Er redete sich ordentlich in Fahrt. Von Vigos erstmaligem Verschwinden erzählte er, von dessen Nachtausflügen und von dem jüngsten Abenteuer, das ihn so entkräftet hatte, daß er um ein Haar dabei umgekommen wäre. Der Onkel hörte ruhig zu.

»Diese Inseln«, erkundigte er sich, als Max geendet hatte, »sie sind doch unbewohnt?«
Max nickte. »Auf der einen stehen bloß ein paar Ruinen.« Er wußte das, weil er im Winter manchmal mit hinausfuhr, wenn einige Bauern, die er kannte, vom Boot aus Enten schossen.
»Entenbraten mag ich«, schaltete sich Ruth ein.
»Ich auch«, sagte der Onkel und stand auf. »Und Kaffee und Kuchen ebenso. Aber jetzt muß ich euch verlassen.« Er hatte eine lange Fahrt vor sich.
Die Kinder samt Vigo brachten ihn zum Auto.
»Bis Freitag!« sagte Max.
Ja, bis Freitag! Der Onkel winkte und fuhr los.
Caroline war auf einmal furchtbar aufgeregt. Wie sollten sie bis dahin bloß die Zeit rumkriegen!
Diese Sorge hätte sie sich schenken können. Wenn man mit Max zusammen war, passierte immer etwas.
»Komm, wir teilen jetzt gleich die Plakate aus«, schlug er ihr vor, und ab ging die Post.
Vigo war mit von der Partie.
Zwölf Plakate waren bald verteilt. Eins hing an Mr. Wilcox' Ladentür, eins im Schaufenster der Apotheke, ein weiteres am Schwarzen Brett des Gemeindehauses von Little Appington. Und so ging es fort.
Max suchte gute Plätze aus. Von ein paar Interessierten waren sie sogar schon wegen des Vortrags angesprochen worden. Wenn nur viele kamen!
Das war alles ganz schön spannend. Nur, daß Andy jetzt nicht mitmachte, stimmte ein bißchen traurig.
»Er ist immer noch beleidigt«, hatte Caroline Max erklärt. Der fand es einerseits sehr schade. Andererseits unternahm er zum erstenmal etwas allein mit Caroline, und das gefiel ihm sehr.
»Heute nacht schleiche ich Vigo hinterher«, sagte er so plötzlich, daß Caroline um ein Haar mit ihrem Rad in einer Hecke gelandet wäre.

»Wie willst du das denn machen?« fragte sie. »Du weißt doch gar nicht, wann er aufbricht. Vielleicht läuft er überhaupt nicht weg.«
Max aber war seiner Sache sicher. Die letzte Nacht hatte Vigo eingesperrt verbringen müssen. Ganz bestimmt würde er sich auf Wanderschaft begeben, wenn er merkte, daß er wieder frei war. Was die Zeit betraf, hatte Max ungefähre Vorstellungen. Solange sein Freund Lichter sah und Geräusche hörte, würde er sich nicht aufmachen. Er brauchte ein paar Stunden, um in aller Ruhe seine abendliche Fischmahlzeit zu verdauen.
»Wenn du willst, hole ich euch ab, und ihr könnt mit mir kommen«, bot Max Caroline an.
Die glaubte, daß er jetzt wirklich übertrieb. »Wie willst du das denn machen?« fragte sie zum zweitenmal.
Max zog es vor zu schweigen. Zauberer verrieten ja auch nicht ihre Tricks.
»Ich werfe Steine an dein Fenster«, kündigte er an. »Aber ihr müßt dann ganz schnell sein, sonst klappt die Sache nicht.« Caroline war der Meinung, daß es ohnehin nicht klappen würde. Trotzdem nickte sie.
Als sie zu Hause ankam, war von ihrem Bruder keine Spur zu sehen.
»Wo ist Andy?« fragte Caroline ihre Mutter, die in der Küche stand und etwas vorbereitete.
»Im Studierzimmer«, antwortete Laura. »Er hat ein paar Jugendbücher entdeckt, die ihn interessieren.«
Sie blickte ihre Tochter forschend an. »Habt ihr euch gestritten?«
Caroline schüttelte den Kopf.
»Nicht richtig jedenfalls. Er war auf einmal so empfindlich«, versuchte sie, den Vorfall näher zu erklären.
Laura sagte nichts dazu. Dasselbe hatte sie auch festgestellt. »Versuch, dich wieder mit ihm zu vertragen«, bat sie Caroline. Sie fand es schade, daß die Kinder sich auf diese Weise einen Teil ihrer Ferien verdarben.

»Ich hab's ja versucht«, verteidigte sich Caroline. »Und ich versuch's noch einmal. Wenn er dann immer noch beleidigt tut, kann er mich mal an die Füße fassen.« Sie nahm sich ein Stück Gurke, das Laura für den Salat abgeschnitten hatte, und marschierte aus der Küche.
Andy saß im Studierzimmer in einem großen Ohrensessel. Er mußte ihn aus dem Wohnzimmer hineingeschoben haben. Es war ein Monstrum, das aussah, als würde es drei Zentner wiegen. Ein Junge von der Größe Andys verschwand nahezu darin.
»Hier bist du!« sagte Caroline. Es klang etwas hergeholt. Andy schaute auf.
»Max schleicht heute nacht Vigo hinterher«, fuhr seine Schwester fort. »Wir können mit, wenn du willst. Er holt uns ab.« Abwartend schaute sie Andy an.
Der ließ sich mit seiner Antwort Zeit.
»Nö, keine Lust«, murmelte er endlich und steckte die Nase wieder in sein Buch.
Caroline zuckte mit den Schultern. Dann hatte sie auch keine Lust mehr, sich mit Andy abzugeben. Sollte er doch in seinem Ohrensessel Wurzeln schlagen! Sie würde bereit sein, wenn Max Steine warf.
Das Abendessen verlief ungewöhnlich still. Caroline erzählte zwar von Max' Onkel, seinen Plänen und daß sie bereits Plakate ausgetragen hatten, aber irgendwie klang alles nicht so spannend, wie es eigentlich war.
Andy tat, als hörte er nicht zu. Natürlich merkten auch Morton und Nani, daß etwas nicht in Ordnung war. Sie sagten jedoch nichts.
Wenn man sich nicht einmischte, renkte sich so etwas manchmal viel schneller wieder ein.
Caroline fand, daß ihr Bruder sich ausgesprochen blödsinnig benahm. Aber sie würde sich von ihm das Abenteuer, Vigo nachzuschleichen, nicht verderben lassen. Auf keinen Fall!

Zwei und zwei

Caroline lag im Bett und übte, in der Dunkelheit zu sehen. Socken und einen Trainingsanzug hatte sie für alle Fälle bereits an.
Wenn sie nur wüßte, wann Max kam! Lohnte es sich, vorher noch etwas zu schlafen?
Über diese schwierige Frage schlief Caroline ein. Im Nu aber war sie wieder wach, als sie ein leises Prasseln hörte. Max mußte eine ganze Ladung winziger Steinchen gegen ihre Scheibe geworfen haben.
»Ich komme!« flüsterte sie und sprang aus dem Bett. Natürlich hörte Max das nicht. Dafür sah er Caroline gleich darauf am Fenster.
Für einen Moment verschwand sie wieder, um ihre Schuhe anzuziehen.
»Wo ist Andy?« fragte Max mit Flüsterstimme, als Caroline kurze Zeit später vor ihm stand.
»Er kommt nicht mit«, flüsterte sie zurück.
Max fand das genauso blödsinnig wie Caroline. Aber es blieb keine Zeit, sich jetzt darum zu kümmern.
»Komm!«
Leise huschten die beiden durch den Vorgarten.
An der Ausfahrt zur Straße lehnten zwei Räder an einem Busch, das von Max und das seiner Mutter. Caroline überkam ein seltsames Gefühl. Alles, was sie tat, kam ihr wie hundertmal geübt vor. Aber da war noch etwas anderes. Mechanisch und gleichzeitig mit Herzklopfen schwang sie sich auf ihr Rad.
Zielstrebig radelte Max in Richtung Strand. Alles war reibungslos verlaufen.
Caroline stellte fest, daß sie trotz der Dunkelheit einigermaßen gut sehen konnte. Es half sehr, daß hier keine künstliche Beleuchtung war.
Die blendete meistens so, daß alles andere dagegen unscharf wurde.

Wie immer schoben sie ihre Fahrräder ins Gebüsch. Aber diesmal hatten sie es eiliger.
Caroline kribbelte es überall.
Max sauste die Böschung hoch und auf die Wiese. Caroline folgte ihm. Beide rannten, aber vorsichtig.
»Da!« Ruckartig blieb Max stehen. Er deutete mit dem Arm in Richtung Klippe. Caroline strengte ihre Augen an. Sie konnte nichts entdecken. Es wurde ihr warm.
Wie die Wolken jagten! Eine drohende Masse, schwarzgrau, unheimlich! Nur hin und wieder schimmerte silbrig verwischt Mondlicht hervor.
Nicht ins Licht schauen, nach vorne sehen! Der Weg war ihr vertraut. Max wartete auf sie.
»Beeil dich doch!« Er streckte die Hand aus.
Sie ergriff sie, und beide rannten weiter. Aber obwohl es ein gutes Gefühl war, lief es sich auf diese Weise eigenartig unbeholfen.
»Ich lass' dich besser wieder los.« Wie Max das sagte, klang es wie eine Entschuldigung. »Wir dürfen Vigo nicht verlieren.«
»Nein.« Caroline stolperte. Dicht hinter Max kraxelte sie den Klippenweg hinab.
»Siehst du ihn jetzt?« Max blieb stehen.
Ja, jetzt sah sie Vigo auch. Zielstrebig lief er über den hellen Sand auf seinen Felsen zu.
Wieso sah Max so gut? schoß es Caroline durch den Kopf, während sie ihm folgte.
Lag es an der Augenfarbe? Seine Augen waren grün, katzenaugengrün, und in dem einen Auge war ein brauner Fleck. Das war ihr gestern aufgefallen. Ihre Augen waren blau, nicht so murmelblau wie Ruths, eher wie verwaschene Jeans.
»Autsch!« Max ächzte und zog sein Bein an. Caroline war ihm nicht eben sanft auf die Ferse getreten.
»Entschuldige!« flüsterte sie erschreckt. »Aber warum bleibst du stehen?«

»Bis zum Strand können wir nicht gehen. Wir würden uns von dem hellen Sand so abheben, daß Vigo uns entdecken müßte«, flüsterte Max zurück. »Wir werden uns hier irgendwo verstecken.«
Er hatte auch schon eine Idee, wo.
Etwas weiter links gab es eine Stelle, die wie eine Sandkiste beschaffen war. Selbst wenn man sich dort flach hinlegte, hatte man eine erstklassige Aussicht. Und gesehen werden konnte man ganz sicher nicht, nicht einmal von einem Otter.
Caroline kuschelte sich auf ihrem Platz zurecht. Wer wußte, wie lange es auszuhalten galt!
Max strengte seine Katzenaugen an.
Bis jetzt war nichts Ungewöhnliches passiert. Vigo tat, was er immer tat, wenn sie sich am Strand befanden. Er genoß das Meer nach Otterart. Man konnte ihn jetzt gut erkennen. Der weiße Sand half sehr, die nächtliche Dunkelheit zu erhellen.
»Wittert er uns nicht?« fragte Caroline.
Max schüttelte den Kopf. Die beste Nase der Welt roch nichts, wenn der Wind von der falschen Seite kam.
»Der Wind kommt doch vom Meer!« warf er Caroline flüsternd zu. Das stimmte.
Max lebte mit solchen Dingen, Caroline nicht. Deshalb war es ihr nicht aufgefallen.
Vigo ließ seinen Tauchkünsten freien Lauf. Manchmal blieb er so lange unter Wasser, daß es Caroline angst und bange wurde. Als er diesmal auftauchte, war es, um einen Fisch in Sicherheit zu bringen. Er verzog sich damit auf seinen Felsen.
Es war kein großer Fisch, höchstens als Vorspeise geeignet. Aber Vigo hatte keine Eile. Er konnte ja noch einen fangen, viele, wenn er wollte.
Eben hatte er sich über seine Beute hergemacht, als etwas ihn innehalten ließ. Er richtete sich auf. »Kannst du was entdecken?« fragte Caroline aufgeregt.

Max sah nichts. Vigo aber befand sich in höchster Aufregung. Bald saß er wie elektrisiert, bald schnupperte, bald horchte er.
Dann hörten sie, was Vigo hörte, wenn auch wegen der Entfernung nur sehr leise.
»Ein Otterpfiff! Das ist sie! Sie ist da!« flüsterte Max aufgeregt.
Das war das Zeichen! Mit einem enormen Satz landete Vigo im Meer. Er schwamm ungeheuer schnell und kraftvoll und war bald außer Sicht.
»So schnell habe ich ihn noch nie schwimmen sehen«, sagte Max fast tonlos.
»Und was tun wir jetzt?« fragte Caroline.
Max antwortete nicht. Es war leicht zu erraten, wohin Vigo schwamm: um die Felsennase herum in die andere Bucht, wo es keine Häuser, keine Fischerboote, keinen Max und keine Caroline gab. Dafür ein Otterweibchen, das auf ihn wartete.
»Wir müssen uns gedulden«, sagte Max. »Wenn wir ihnen nachschleichen, entdecken sie uns bestimmt, und dann ist alles aus. Frierst du?«
Caroline nickte. »Etwas.«
»Komm näher zu mir.«
Caroline rückte zu ihm, und Max half ein bißchen nach. So konnte man es aushalten.
Die Zeit verging, und nichts geschah. Langweilig aber war es nicht.
»Zuerst hatte ich Angst, als wir hierherkamen«, vertraute Caroline Max an. »Alles sah so anders aus.«
Max schaute sie an. »Meinst du, weil es dunkler ist?«
Caroline schüttelte den Kopf, mußte jedoch überlegen. Hauptgrund war schon die Dunkelheit. Was aber so fremd ausgesehen hatte, war der Himmel. Und hier am Meer reichte er endlos weit.
»Die Wolken sahen aus, als ob sie mir Angst einjagen wollten«, versuchte sie zu erklären. »Auf einmal kam

ich mir ganz winzig vor und . . .«, sie zögerte, »so unwichtig.«
Jetzt hatte Max begriffen. »Aber sie sind doch da oben, und wir sind hier«, bemühte er sich, Caroline die Sache in einem für sie weniger bedrohlichen Blickwinkel darzustellen. »Und hier ist alles so wie sonst, nur dunkler.«
Caroline nickte. Daß Max versuchte, sie zu beruhigen, fand sie sehr nett. Ihre Angst war längst verflogen.
»Ich sehe oft den Himmel an«, erzählte Max. »Für mich ist er wie ein fremdes, schönes, unbewohntes Land. Vielleicht ist er mir deshalb niemals unheimlich. Manchmal sind Wolken da, die aussehen wie Schlösser oder Burgen oder kleine Häuser, in denen man gern wohnen möchte. Aber Menschen gibt es nicht, auch keine Autos, nicht mal Wege. Überall ist Frieden. Man kann sich vorstellen, daß es nur Wälder, Berge, Felder, Flüsse und Wiesen gibt. Was es auch sein mag«, fuhr er nachdenklich fort, »immer sieht es für Ewigkeiten unzerstörbar aus.«
Caroline nickte. Dabei blieb eine Wolkenlandschaft oft nur für wenige Augenblicke gleich. Kaum stellte man sie sich richtig vor, war sie auch schon wieder weg.
»Woher das wohl kommt?« fragte Caroline.
»Woher was kommt?«
»Daß der Himmel aussieht, als könnte er niemals zerstört werden.«
Max überlegte einen Augenblick, bevor er Antwort gab. »Weil keine Menschen daran drehen. An die Wolken können sie nicht ran.«
Caroline gab Max recht. Sicherlich lag es daran. Obwohl – immerhin gab es Flugzeuge. Aber am Himmel sahen sie so klein aus, als könnten sie nichts bewirken.
»Bist du schon mal geflogen?« Max hatte im selben Augenblick wie Caroline an Flugzeuge gedacht.
Sie nickte. »Öfter schon.«
»Wie sieht der Himmel von oben aus?« fragte Max.

»Wenn schlechtes Wetter ist, muß man erst durch eine dichte Wolkendecke fliegen, bevor man ihn sehen kann. Hat man's geschafft, guckt man auf einen flauschigen Wolkenteppich, auf den die Sonne scheint. Aber selbst wenn man über den Wolken ist, gibt es wieder einen Himmel. Ganz oben ist man nie.«
Max nickte. Die Beschreibung entsprach etwa seiner Vorstellung. Er fand es im Gegensatz zu Caroline sehr beruhigend, daß es etwas gab, gegen das man immer kleiner sein würde. Es ängstigte ihn nicht. Im Gegenteil, es rückte die Dinge ins rechte Licht.
Eine Weile schwiegen beide. Plötzlich fragte Max: »Hast du – hat dich schon mal jemand geküßt?«
Caroline schüttelte den Kopf. Sie blickte angestrengt zu Vigos Felsen hin.
»Ich könnte dich küssen«, fuhr er vorsichtig fort.
Caroline wurde es ganz merkwürdig zumute, als ob alles in ihr nachgab, wie Pudding.
»Wohin?« fragte Max leise, aber hartnäckig.
Das war nun wieder komisch und befreite irgendwie. Jetzt konnte Caroline ihn anschauen. Sie sah den braunen Punkt in seinem einen Auge.
»Such's dir aus«, flüsterte sie.
Max küßte Caroline vorsichtig aufs Ohr. Und weil es so gut ging, abgesehen davon, daß die Nase etwas im Wege war, gleich noch einmal auf eine besonders nett aussehende Stelle ihrer Wange. Es fühlte sich sehr angenehm an, fand Max.
»Das hab' ich mir gewünscht«, flüsterte er und blickte in den Himmel. Schon lange hatte er es sich gewünscht, mal mehr und mal weniger. Manchmal war es fast wie ein Schmerz gewesen.
Caroline hatte sich auch etwas gewünscht, daß Max sie leiden möge, mehr als irgend jemanden sonst und anders als Eltern, Schwestern oder Freunde. Nur – es zu sagen, traute sie sich nicht.

Sie kam auch nicht dazu, etwas zu sagen, denn Max richtete sich plötzlich gespannt auf.
»Sie kommen!« flüsterte er aufgeregt. Caroline gelang es nicht gleich, die beiden zu entdecken.
Da! Jetzt sah sie sie. Zielstrebig schwamm der eine Otter, zögernd der andere.
»Bestimmt will er ihr seinen Felsen zeigen«, meinte Max. Der erste Otter, sicher Vigo, hatte den Felsen bald erreicht. Jetzt kletterte er hinauf. Es war Vigo. Max war sicher, er hätte es zur Not geschworen.
Das Otterweibchen zögerte noch immer. Die Bucht war ihm nicht geheuer. Äußerst scheu und mißtrauisch, hatte es sie bisher stets gemieden. An manchen Tagen roch es aus dieser Richtung stark nach Dieselöl. Und wo ein solcher Geruch herkam, da gab es Menschen.
Vor Menschen fürchtete sich das Otterweibchen sehr. Sie bewegten sich schnell mit ihren Booten, hatten Stangen, Ruder, Netze und waren unberechenbar. Sicher war man nur, wenn man ihnen in weitem Bogen aus dem Weg ging.
Jetzt aber war Vigo da, und Vigo zeigte keine Furcht. Komm herauf! Hier oben ist es herrlich! sagten all seine Gebärden. Ob es vielleicht am Ende wirklich nicht so gefährlich war?
Das Otterweibchen umruderte den Felsen und schaute immerfort hinauf.
Komm! Vigo stieß ungeduldige, lockende Töne aus.
Das Weibchen lauschte. Es hörte keine Geräusche außer denen, die immer da waren und einen Otter niemals unruhig werden ließen.
Es schnupperte. Die Luft war salzig, rein. Es roch auch nicht im geringsten nach Dieselöl. Vielleicht konnte man es wagen.
Schwupp! Mit einem Satz landete das Otterweibchen auf dem Felsen. Vigo pfiff vor Freude und stupste es übermütig an. Das hätte er lieber bleibenlassen sollen.

Ein erschrecktes Fauchen war die Antwort. Betroffen wich Vigo zurück. Er begriff nicht. Sein Stupser bedeutete doch Zärtlichkeit und keine Drohung!
Inzwischen hatte das Otterweibchen sich von seinem Schrecken erholt. Alles war wieder gut. Es kam auf Vigo zu und neckte ihn.
Oh, Vigo war so froh! Ausgelassen balgte er sich mit dem Weibchen. Von weitem konnte man fast meinen, die beiden würden miteinander kämpfen.
»Sie tun sich doch nichts? fragte Caroline unsicher.
»Quatsch!« flüsterte Max. »Sie spielen!«
Platsch und gleich noch einmal platsch machte es, und die beiden Otter landeten im Meer. Jetzt legte Vigo erst richtig los.
Wie ein Pfeil schoß er unter Wasser auf das Weibchen zu, bedrohlich fast. In allerletzter Sekunde erst machte er einen halben Salto und kam so abrupt zur Ruhe, daß es fast unglaublich schien. Gelassen wie ein Meisterschwimmer nach einer großen Leistung trat er Wasser. Er gab wirklich ganz schön an!
Das Otterweibchen aber wußte auch zu schwimmen und zu tauchen. Einmal kurz Luft geholt, und es schoß auf den Meeresboden, um sich im wogenden Seegras zu verstecken. Dann war es spurlos verschwunden, und Vigo guckte dumm.
Schnell aber wurde er sehr unruhig und begann wie wild zu suchen. Wenn seiner Spielgefährtin etwas zugestoßen war! Angst erfüllte ihn.
Dem Otterweibchen war nichts zugestoßen. Wie eine Sprungfeder tauchte es plötzlich haarscharf vor Vigos Nase auf, um ihn zu erschrecken.
Vigo erschrak auch ordentlich. Es war jedoch ein schöner Schreck. Im Nu kehrte sein Übermut zurück.
Als beide an der Wasseroberfläche etwas Luft geschnappt hatten, begann er eine Balgerei, die das Meerwasser schäumen ließ.

»Jetzt könnten sie langsam mal aus dem Wasser kommen«, murmelte Max, als das Getobe gar kein Ende nehmen wollte.
Es war, als hätte Vigo dies gehört. Ein paar spritzende Hechtsprünge noch, zwei Tauchmanöver, und auf einmal tauchte Vigo dicht am Ufer wieder auf.
Er machte Anstalten, an Land zu gehen, das Weibchen aber kam nicht nach. Vigo rief. Ohne Erfolg! Das Otterweibchen drehte unruhig ab.
Er machte kehrt und schwamm ihm nach, auf den Felsen zu. Wieder und wieder versuchte er, es dazu zu bewegen, mit ihm zum Strand zu schwimmen.
Es gelang ihm nicht.
Das Weibchen ließ sich auf dem Felsen nieder. Vigo tat es ihr nach. Was blieb ihm anderes übrig, wenn er nicht allein sein wollte.
Die beiden erholten sich. Toben strengte an.
Bald hatte das Otterweibchen wieder Kraft geschöpft. Es sprang ins Meer und schwamm ein gutes Stück hinaus. Mehrmals drehte es sich dabei im Kreis. Kommst du? schien dieses Spiel zu sagen.
Vigo sprang. Er wollte seine Spielgefährtin nicht verlieren. Warum nur mochte sie nicht bleiben? Er verstand es nicht und schwamm ihr nach. Begeistert war er nicht.
Caroline, die genau wie Max, zwei Otter aufs offene Meer hinausschwimmen sah, erschrak.
»Ruf ihn doch!« flüsterte sie eindringlich. »Du kannst ihn nicht einfach so wegschwimmen lassen!«
Max reagierte nicht. Er hielt seine Daumen mit den Fäusten fest, ganz fest, und wartete.
»Max!« Caroline rüttelte ihn an der Schulter.
»Ich kann ihn nicht rufen«, flüsterte er und beobachtete in angstvoller Erwartung, was geschah.
Die beiden Otter waren jetzt schon fast nicht mehr zu sehen. Caroline wälzte sich auf den Rücken. Ihr war so kribbelig, daß sie es nicht länger ertrug, auf dem Bauch

liegend ruhig zuzusehen, wie Vigo sich in Gefahr begab. Dabei verstand sie Max. Sie begriff, warum er nicht hinter Vigo herpfiff. Was sie nicht verstand, war, wie er die Angst aushielt. Vigo war sein Freund, sein Tier. Nicht irgendeine Maus oder ein Eichhörnchen, das man nur flüchtig kannte, sondern ein Otter, der schon eine Menge Gefahren hatte überstehen müssen. Oh, am liebsten hätte sie laut gestöhnt.

»Er kommt zurück!« Max hatte nicht geflüstert, sondern fast gebrüllt.

Caroline zuckte ordentlich zusammen. Blitzschnell drehte sie sich um. Tatsächlich!

Vigo war bei seinem Felsen angelangt. Eine Weile beobachtete er angestrengt das Meer, bevor er sich entschloß, zum Strand zu schwimmen.

»Ich finde nicht, daß er besonders traurig aussieht«, meinte Caroline, während der Otter sich ausgiebig schüttelte.

Max sagte nichts. Zwar kannte er Vigo besser als irgendjemand sonst, aber zu behaupten, was sein Freund augenblicklich fühlte, traute er sich nicht zu.

Vielleicht hatte er große Sehnsucht nach dem Otterweibchen und wäre am liebsten mit ihm zu den kleinen Inseln geschwommen, um für immer dort zu bleiben.

Vielleicht aber war er auch schon zu zahm für ein Leben in völliger Freiheit, und es kam ihm überhaupt nicht in den Sinn, für immer fort zu bleiben.

Und ein kleines bißchen Sehnsucht nach Max, seiner Freundschaft, Mahlzeiten, denen man nur nachzujagen brauchte, wenn man wollte, und einem Leben, das Spaß anstatt ständig lauernder Gefahr versprach, hatte er, ohne daß es ihm bewußt war, möglicherweise auch.

Max kam in seinen Gedanken zu dem Schluß, daß Vigo ein echtes Doppelleben führte. Fast wie ein Geheimagent. Tagsüber war er der zahme Vigo, wenn auch frei geboren, und manchmal nachts, wenn es ihm paßte,

wurde aus ihm der wilde Otter, der aber schon so zahm war, daß er seine Freiheit niemals ganz nutzte.
»Er kommt hierher!« flüsterte Caroline, als Vigo sich anschickte, den Klippenpfad hinaufzulaufen. Max nickte. Jetzt machte es nichts mehr, wenn er sie fand.
Fröhlich begrüßte Vigo Max und Caroline. Er schien kein bißchen überrascht zu sein.
Aber echte Geheimagenten brachte schließlich auch nichts so schnell aus der Ruhe.
»Bin ich steif!« Caroline reckte sich. Vigo schaute sie fragend an. War das ein neues Spiel?
Max streichelte seinen Freund. Der war schon beinahe wieder trocken. Nur die Haarspitzen klebten noch hier und da zusammen. Zu dritt machten sie sich auf den Weg zu den abgestellten Fahrrädern.
Vigo wunderte sich, ohne Geschirr und Leine neben dem Fahrrad herlaufen zu dürfen. Jetzt war ja wieder die andere Seite seines Doppellebens dran, die, in der Menschen seine Freunde waren.
Caroline gähnte. Auf einmal merkte sie, wie müde sie war. Wie mechanisch trat sie die Pedale. Bei Strawberry House angekommen, übergab sie Max ihr Rad.
»Bis morgen dann!«
»Bis morgen!« flüsterte Max zurück. »Schlaf gut!«
Das würde Caroline. Zumindest für den Teil der Nacht, der noch übrig war.
Aber sofort schlief sie doch nicht ein, erstens, weil ihre Füße nicht warm waren, und zweitens, weil sie noch ein bißchen über Max nachdenken wollte.
Nachdem Max Vigo in sein Gehege gebracht und das Tor geschlossen hatte, ging er in die Küche und machte sich ein Glas Kakao. Ein Doppelleben mochte für Vigo die natürlichste Sache sein, er, Max, fand es ganz schön anstrengend.
»Max, bist du das?« Die Mutter erschien im Schlafanzug in der Küche. »Warum bist du angekleidet?«

Max trank einen großen Schluck Kakao. »Ich hab' noch mal geguckt, was Vigo macht.«
Die Mutter nickte. »Aber jetzt gehst du ins Bett.«

Die Geheimtür

Caroline erschien am nächsten Morgen erst am Frühstückstisch, als alle bereits saßen. Sie war glatt noch einmal eingeschlafen, nachdem es oben wieder ruhig geworden war.
»Kind, wie siehst du aus?« entfuhr es Nani, während Laura besorgt ihre Tochter betrachtete.
»Du hast doch nicht etwa auch ein Gespenst gehört?« fragte Morton.
Andy sagte nichts. Angestrengt las er das Etikett eines Marmeladenglases.
Gerade wollte Laura die zweite Fragerunde einleiten, da ertönte vom Studierzimmer her ein dumpfer Plumps. Gerettet! Caroline dankte dem Schicksal.
»Was, zum Teufel, war das?« Kaum sprach man von Gespenstern . . . Morton sprang auf, und alle anderen auch. Andy war als erster bei der Tür.
Er riß sie auf und . . .
»Mister Potter!« Vor ihnen stand unbeholfen der Organist von Little Appington. In der Hand hielt er einen Stapel Bücher, zu seinen Füßen lag ein weiterer. Sein Gesicht drückte mindestens so grenzenloses Erstaunen aus, wie die Mienen der kleinen Gruppe in der Tür.
»Was . . .?« Morton wußte nicht recht, wie er seine Frage formulieren sollte.
In Andys Kopf rappelte es. Mister Potter – Bücher!
»Wollten Sie sich Bücher leihen?« fragte er geistesgegenwärtig.
Mister Potter nickte dankbar und stotterte ein bißchen. »Ich, ich . . .«

»Er hat sich bei den alten Damen, denen früher Strawberry House gehörte, immer Bücher ausgeliehen«, erklärte Andy allen Anwesenden. »Er ist ein bißchen wunderlich«, raunte er Morton zu. Das konnte der im stillen nur bestätigen.
»Wie sind Sie denn hereingekommen?« fragte Laura. »Wir hätten es doch merken müssen, wenn Sie vorn durchs Haus gegangen wären.«
»Ich kam durch die Hintertür«, gab Mr. Potter Auskunft und ordnete nervös die drei, vier Bücher, die ihm nicht aus der Hand gefallen waren. »Es ist mir alles so peinlich. Ich wußte ja nicht, daß inzwischen . . .«
»Die Hintertür?« wiederholte Laura sanft. »Aber die führt doch auf die Veranda, direkt vom Eßzimmer aus. Und dort haben wir die ganze Zeit gesessen.«
Mr. Potter sah aus, als wäre die Situation zuviel für ihn. Hilflos blickte er Laura an. »Nicht die Terrassentür. Ich kam durch die Schranktür.«
»Schranktür?« Andy spitzte die Ohren wie ein Hase. »Welche Schranktür? Wo?«
Erschöpft deutete Mr. Potter mit dem Arm auf ein Regal, wobei zwei weitere Bücher seinem Griff entglitten. Unglücklich bückte er sich nach ihnen. Unterdessen ging Andy auf das bezeichnete Regal zu.
»Wo? Ich sehe nichts.«
Mr. Potter seufzte und legte die noch in seiner Hand verbliebenen Bücher vorsichtig auf den Boden. Er kam auf Andy zu.
»Hier.« Ein Druck seitlich gegen das Innere der Bücherwand, und das Regal bewegte sich. Es schwang herum. Ein Ausgang war entstanden, der direkt in den Gartenschuppen führte. Es war der einzige der Schuppen, die zu Strawberry House gehörten, den sie sich bisher nicht näher angesehen hatten. Für Gartenarbeit war bisher keine Zeit gewesen.
»Ich werd' verrückt!« entfuhr es Andy.

Auch alle anderen staunten. So etwas gab es doch sonst nur in Schlössern oder Burgen!

»Damit wäre das Geheimnis wohl gelüftet«, meinte Morton, obwohl das nur zur Hälfte stimmte. Denn die Frage, wie jemand dazu kam, in einem ganz normalen Haus einen geheimen Ausgang anzulegen, war keineswegs geklärt.

»Wie wäre es, wenn wir jetzt erst mal Kaffee trinken würden?« Morton sah Mr. Potter an. »Sie sind natürlich herzlich eingeladen. Das heißt, falls Sie sich durch unsere Familie nicht zu sehr eingeschüchtert fühlen.«

Mr. Potter lächelte. Er nahm die Einladung gerne an.

Nach und nach und äußerst vorsichtig erfragten die Sandifers, was ihnen noch immer unklar war.

Mr. Potter hatte nicht gewußt, daß in Strawberry House mittlerweile wieder Leute wohnten. Das war die erste Überraschung. Es fiel schwer, sich vorzustellen, wie jemandem, der in Little Appington zu Hause war, diese Tatsache entgehen konnte.

Mr. Potter aber war so ungewöhnlich menschenscheu, daß man ihm auf Anhieb glaubte, nichts über den Verkauf des Hauses gewußt zu haben.

Sein besonderes Interesse galt der Musikgeschichte. Häufig hatte er sich Bücher aus der Bibliothek von Strawberry House geliehen.

In letzter Zeit allerdings war er seltener dagewesen. Nur dreimal, um genau zu sein.

Laura ging ein Licht auf.

Der Stapel Bücher, den sie auf dem Fußboden vorgefunden hatte, nachdem sie von ihrem Spaziergang wiederkamen, ging also auf sein Konto.

Mr. Potter nickte unglücklich. Er hatte vergessen, sie wieder einzuordnen. Es war ihm furchtbar peinlich. Auch für die umsortierten Bücher im Regal gleich neben dem Kamin war er verantwortlich. Mr. Potter hatte den Versuch gemacht, sie so zu ordnen, daß sie auf einen

Blick zu finden waren. Das schadete ja nun wirklich nicht.
Laura und Morton versicherten, daß sie nichts dagegen hätten, wenn er weiterhin Bücher auslieh. Durch den Schrank brauchte er deshalb nicht zu kommen. Genau genommen war es ihnen sogar lieber, wenn er, wie jeder Gast, die Vordertür benutzte.
Für Mr. Potter bedeutete dies eine gehörige Umstellung, und nach seinem Gesichtsausdruck zu urteilen, war es nicht sicher, ob er sich daran gewöhnen würde. Er war nun einmal ungewöhnlich schüchtern. Trotzdem freute er sich über das Angebot der Sandifers.
Andy und Caroline fanden, daß Mr. Potter richtig glücklich wegging. Noch vor einer halben Stunde hatte er todunglücklich ausgesehen.
Nachdenklich schüttelte Morton den Kopf.
»Ihr könnt mir sagen, was ihr wollt, aber mit dem Zimmer«, er deutete in Richtung Bibliothek, »stimmt was nicht.«
»Hab' ich ja von Anfang an gesagt«, murmelte Caroline, die inzwischen nicht mehr ganz so schläfrig war. Dennoch schien es ihr geraten, die Aufmerksamkeit nicht unnötig auf sich zu ziehen.
Aus demselben Grund trug sie auch nicht mehr Geschirr hinaus als sonst. Solche Kleinigkeiten konnten wahre Fallgruben sein. Etwas Ungewöhnliches und — schwupp! — schon wurde man verhört.
Ganz würde sie unangenehmen Fragen sowieso nicht entgehen. Das war ihr sonnenklar.
Es dauerte auch gar nicht lange, bis Andy mit einer stinkgemeinen Frage kam.
»Na, habt ihr schön rumgeknutscht?« wollte er wissen, kaum daß sie allein waren. »Es war doch sicher prima ohne mich.«
»Quatsch!« entfuhr es Caroline, und sie sah ihren Bruder wütend an. Gleichzeitig aber war sie froh, daß er

endlich wieder mit ihr sprach. »Meinst du, wir fragen, ob du mitkommst, wenn wir allein sein wollen?«
Andy antwortete nicht darauf, und Caroline sagte auch nichts mehr. Am Ende war sie ja wirklich froh gewesen, mit Max allein zu sein. Aber geplant hatten sie es nicht. Das ließ sie sich nicht anhängen.
Eine Weile schwiegen beide.
»Verpetzt du mich?« fragte Caroline endlich.
»Quatsch!« sagte ihr Bruder und lächelte.
Caroline hatte es auch nicht ernstlich angenommen.
Auch Max hatte zu wenig Schlaf gehabt. Er war noch immer müde, als Andy und Caroline ihn besuchen kamen. Dabei war heute ein besonderer Tag, wenn auch hauptsächlich für Ruth.
Die hatte schon die ganze Familie dadurch in Aufruhr versetzt, daß sie um sieben aufgestanden war. An einem Ferientag!
Ab heute würde ihr Kuscheltier, die Piratenkatze, für eine Woche im Schaufenster des Spielwarengeschäftes sitzen. Deshalb war Ruth so früh aufgestanden. Sie fand das ganz selbstverständlich.
Außerdem würde noch etwas anderes passieren. Sie durfte sich im Spielwarengeschäft Farben für das Plakat aussuchen, das sie für den Vortrag malen wollte.
Längst hatte sie sich genau überlegt, wie sie das anstellen wollte. Die Rückseite einer Tapetenrolle würde sie bemalen. Da hatte man richtig Platz. Und wenn man damit auf die Terrasse ging, machte es nicht mal etwas, wenn man ein bißchen kleckerte.
Und die Farben? – Ja, Ruth war sich fast sicher.
Sie würde . . .
»Kommt ihr? Wir wollen los. Es ist beinahe elf.«
Die Mutter stand zum Weggehen angezogen in der Terrassentür.
Nicht eins, nein, vier Kinder begleiteten die Piratenkatze zu ihrem Aufenthaltsort für die nächste Woche. Und

wenn sie geglaubt hatten, sie wären womöglich die einzigen, hatten sie sich sehr getäuscht.
Ein richtiger Kinderauflauf war vor dem Spielwarengeschäft entstanden. Einige hatten ihre Tiere schon im Schaufenster plaziert, andere waren gerade eben angekommen. Natürlich kannte man einander. So groß war Little Appington ja nicht.
»Ihr müßt euch eine Nummer geben lassen«, erteilten die Kinder Auskunft, die ihre Kuscheltiere bereits abgeliefert hatten, »und eine Nadel zum Anstecken.«
Ruth zog die Nummer 23. Sie suchte einen schönen Platz ganz vorn am Fenster für ihre Katze aus. Zum Glück war die Piratenkatze klein. Größere Tiere mußten weiter hinten sitzen.
Im Nu füllte sich das Schaufenster. Jede Menge Teddybären, Hunde, Katzen, Schweine, Mäuse, Esel, ja, sogar ein Krokodil, nahmen ihre Plätze ein. Giftgrün war das Krokodil, mit einem weißen Bauch.
Als Ruth es sah, dachte sie an ihre Schlange. Vielleicht hätte sie doch . . .? Ach nein, die Katze war so süß. Aufregend sah sie aus mit ihrer Augenklappe. Ruth war sehr zufrieden.
»Ruth?« Die Mutter hatte es eilig. Sie wollte zum Markt. »Meinst du, du könntest dich jetzt trennen?«
»Oh, schon?« Ruth sah zu ihrer Katze hin. Wie vielen der kleineren Kinder fiel ihr der Abschied nicht so leicht. Die Mutter wartete.
Langsam drehte Ruth sich um. »Nein! Halt! Die Farben!« Wie angewurzelt blieb sie stehen.
»Ach ja!« erinnerte sich die Mutter. Um ein Haar hätten sie die vergessen.
Zu viert gingen sie noch einmal in den Laden.
»Weißt du schon, welche du haben willst?« erkundigte sich die Mutter.
Ruth nickte, daß ihr Pony nur so wippte. »Wir hätten gern Plakatfarben«, teilte sie dem Verkäufer mit.

»Braun, viel Braun und Grün und Blau und Schwarz«, fügte Ruth hinzu. Das Braun brauchte sie für Vigo und vielleicht für Baumstämme und Äste, Schwarz für Schnurrhaare und Augen, Grün für Gras und Blätter und Blau für Wasser oder Himmel.
Der Verkäufer brachte das Gewünschte.
»Wie ist es mit Gelb, Sonnengelb?« wollte die Mutter wissen.
»Ach ja!« Das hatte Ruth vergessen. Also wurde noch ein kleines Töpfchen Gelb gekauft.
Ruth war so aufgeregt, daß sie nur mühsam die Tour zum Wochenmarkt überstand. Am liebsten hätte sie gleich losgemalt.
Sowie sie zu Hause angekommen waren, ging sie an die Arbeit. Aber sie benutzte nicht gleich ihre neuen Farben, sondern zunächst einen dicken Bleistift, um Gefühl für den vielen Platz zu bekommen, der ihr zur Verfügung stand.
Die Tapetenrolle war nicht schmal. Wenn ihr Bild fertig war, so wie sie es sich vorstellte, würde Vigo darauf beinahe zwei Meter lang sein, länger als in Wirklichkeit.
Sieben Tage malte Ruth an ihrem Bild, jeden Tag ein bißchen. Wenn schönes Wetter war, ging sie dazu auf die Terrasse. Zwischendurch lag das Bild in ihrem Zimmer auf dem Fußboden und trocknete. Gemeinsam mit Max brachte sie es jedesmal nach ihrer Malarbeit vorsichtig hinauf. O ja, Ruth nahm ihre Aufgabe genau.

Welches Kuscheltier gewinnt?

Morton war sehr zufrieden. Heute morgen hatte Mr. Wilcox die bestellten Stangen in das Treppengeländer eingesetzt. Jetzt strich Morton sie. Vergnügt pfiff er, während er daran dachte, was an Renovierungsarbeiten hinter ihnen lag.

Ruth war mehr als nur zufrieden. Sie platzte fast vor Stolz. Ihr Bild war fertig. Noch konnte sie es selbst kaum fassen.
Alle kamen, um es zu bewundern. Max, Andy, Caroline, die Mutter und der Vater. Am liebsten hätte sie es auch Vigo gezeigt, aber das war zu gefährlich. Womöglich machte er es in seinem Übermut kaputt.
Vigo war auf dem Bild gut getroffen. Man erkannte ihn sofort. Verschmitzt blickte er den Betrachter aus schwarzen Augen an.
Ruth hatte ihn im Gras stehend gemalt, mit vielen Pflanzen und dem Fluß im Hintergrund. Wirklich prächtig sah er aus. Der Onkel würde begeistert sein. Max war sich dessen sicher.
Ruth brauchte nicht lange auf sein Urteil zu warten. Heute abend hielt er ja den Vortrag. Vorher aber würde noch die Entscheidung fallen, wer den Kuscheltier-Wettbewerb gewonnen hatte. Es gab Tage, an denen in jeder Minute etwas los war. Dies war so einer.

Für Ruth war die Woche ohne ihre Katze schnell vergangen. Das Malen des Plakats hatte sie vollauf beschäftigt. Trotzdem war sie froh, endlich ihr Kuscheltier wiederzubekommen.
»Heute essen wir kalt«, verkündete die Mutter, bevor sie sich, begleitet von vier Kindern, auf den Weg zum Spielwarengeschäft machte. »Ich weiß nicht, wo mir der Kopf steht!« Max war es recht und Ruth vollkommen egal. Caroline aber hatte eine glänzende Idee. Sie behielt sie zunächst für sich.
Eine Schar von Kindern drängelte sich im Spielwarengeschäft. Viele hatten ihre Mütter oder Väter mitgebracht. Hinter dem langen Ladentisch, auf dem jetzt alle Kuscheltier-Wettbewerbsteilnehmer saßen, hatte die Jury Platz genommen. Vier größere Kinder waren es. Zwei Mädchen und zwei Jungen.

»Ruhe! Seid doch mal ruhig!« bat sich einer der Jungen aus. Erst, als er sehr laut und vernehmlich »Ruhe!« brüllte, ebbte das Geflüster und Gelache und Gerede ab. »Also«, ergriff eines der Mädchen die Gelegenheit beim Schopf, »ihr seid sicher schon alle sehr gespannt . . .«
»Ja! Ja!« ertönte es aus der Kinderschar.
»Ruhe!« sagte der Junge noch einmal sehr laut und deutlich. »Sonst sind wir heute abend noch hier.«
Diesmal nahm das andere Mädchen einen Anlauf: »Wir haben uns gedacht, daß ihr bestimmt wissen wollt, nach welchen Gesichtspunkten wir unsere Wahl getroffen haben – bei der Preisvergabe, meine ich.«
»Ja! Ja!« ertönte es erneut. Diesmal aber verstummten die kleinen Zuhörer von selbst.
»Nicht danach, wie neu oder wie groß oder wie schön angezogen die Wettbewerber sind, haben wir bewertet«, fuhr das Mädchen fort, »sondern es haben diejenigen einen Preis gewonnen, die echte Kuscheltierpersönlichkeiten sind.« Die kleinen Kinder raunten. Einige wußten nicht, was mit Persönlichkeiten gemeint war.
»Die also, die etwas ganz Besonderes an sich haben«, erläuterte das Mädchen. »Etwas, wofür man sie auf Anhieb liebgewinnen muß.« Das war für die Kleinen schon verständlicher. Nur, hatten nicht alle Tiere, die da saßen, etwas, wofür man sie liebgewinnen mußte? Anscheinend konnte das Mädchen Gedanken lesen.
»Natürlich sind genaugenommen alle Tiere, die hier sitzen, Kuscheltierpersönlichkeiten, und deshalb bekommt auch jeder Besitzer einen Preis.«
Wieder wurde die Rede durch aufgeregtes Geschnatter unterbrochen. Alle sollten einen Preis bekommen?
»Alle!« wiederholte das Mädchen. »Fünf Kuscheltierbesitzer aber bekommen einen Sonderpreis. Wer die fünf sind, sagen wir euch jetzt.« Die Sprecherin gab das Wort an den Jungen ab, der bisher noch nicht geredet hatte. Der erhob sich mit einem Zettel in der Hand.

»Wir beginnen mit dem ersten Preis«, verkündete er der Kinderschar, die sich mucksmäuschenstill verhielt. Man hätte ein Fliege hören können, die gegen die Fensterscheibe summte.
»Erster Preis für Nummer 16, die weiße Katze mit der roten Schleife.« Eines der beiden Mädchen hob die Katze hoch. Sie war nicht mehr besonders weiß, aber trotzdem wunderschön und wahnsinnig knuddelig. »Kann der Besitzer oder die Besitzerin nach vorne kommen?« bat der Junge, der gelesen hatte. Ein kleines Mädchen schob sich durch die Menge.
»Eine Katze hat gewonnen!« flüsterte Ruth Caroline zu. Viele andere Kinder flüsterten auch mit irgend jemandem.
»Du kannst dir aussuchen, ob du einen Roller willst oder einen Gutschein«, sagte das große Mädchen zu dem kleinen. Wieder ging ein Raunen durch die Kinderschar. Das kleine Mädchen entschied sich für den Roller. Rotlackiert und mit weißen, prallen Reifen stand er bereits gegen den Ladentisch gelehnt. Sie würde ihn gleich mit nach Hause nehmen können. Zuerst aber mußte die Preisverleihung zu Ende sein.
»Zweiter Preis«, fuhr der Junge mit dem Zettel fort, »Nummer 26, die Maus mit den rosa-weißen Ringelsokken.« Das große Mädchen hob die Maus hoch. Pfiffig sah sie mit schwarzen Perlenaugen in die Menge. Auch sie war alles andere als neu, dafür aber, genauso wie die weiße Katze, eine echte Tierpersönlichkeit.
Der Mäusebesitzer, ein kleiner Junge, ging nach vorn. Sein Preis bestand aus einem wirklich schönen Bausteinkasten oder einem Gutschein. Er entschied sich für den Bausteinkasten. Beglückt ging er auf seinen Platz zurück. Drei Preise waren ja noch zu vergeben.
Der nächste ging an einen Teddybären, dessen Besitzer ebenfalls ein kleiner Junge war. Für ihn lag ein prachtvolles Märchenbuch bereit.

Preis Nummer vier gewann ein Esel mit unglaublich flauschigen langen Ohren, die weiß gefüttert waren. Er gehörte einem Mädchen. Sie durfte wählen zwischen einem schönen Spiel und einem Gutschein.
Ja, und der fünfte Preis?
»Nummer 23, die Piratenkatze mit der Augenklappe«, las der Junge vor.
Ruth biß sich vor Aufregung auf die Unterlippe.
»Geh hin!« flüsterte Caroline und gab Ruth einen sanften Schubs.
Die nahm ihre kleine Katze an der Ladentheke glücklich in Empfang.
»Willst du einen Malkasten oder einen Gutschein?« fragte das große Mädchen sie.
Ruth wollte auf jeden Fall den Malkasten.
Auch sie mußte sich gedulden. Bevor die Preise ausgegeben wurden, richtete der Ladenbesitzer ein paar Worte an die Kinder. Zum Glück ging auch das vorbei. Und endlich, endlich wurden die Preise verteilt. Vier kleine Eimer standen plötzlich auf der Theke. Sie enthielten Holz-Jo-Jos, die Trostpreise für all die anderen Kuscheltierbesitzer. Die Jurymitglieder verteilten sie.
Das Gedränge, das dabei entstand, war enorm. Es dauerte jedoch nur kurze Zeit. Am Ende hielt jedes Kind sein Tier und seinen Preis in den Händen.
Zufrieden zogen alle ab. So ein Kuscheltierwettbewerb war schon eine tolle Sache. Vielleicht würde ja nächstes Jahr wieder einer stattfinden.

Ferien dauern nicht ewig

Beim Hinausgehen aus dem Spielwarengeschäft hatte Max etwas entdeckt, das ihm keine Ruhe ließ. Augenpaare! Von einer schwarzen Filzunterlage hatten sie ihn angestarrt. Große, kleine, grüne, gelbe, runde und mandelförmige Glasaugenpaare wie die, mit denen gewöhnlich Stofftiere ausgestattet waren.
Nur, diese Augenpaare gab es lose zu kaufen, und sie kosteten nicht viel. Das war das richtige Geschenk für Ruth. Zwar hatte sie noch lange nicht Geburtstag, aber so ein Augenpaar konnte man ja aufbewahren.
Die Piratenkatze würde ihre Augenklappe nicht mehr brauchen. Max freute sich bei dem Gedanken. So bald wie möglich würde er von seinem Taschengeld das passende Augenpaar erstehen.
»Könnten wir nicht heute abend Max, Ruth, ihre Eltern und ihren Onkel einladen?« fragte Caroline aufgeregt, sobald sie und Andy zu Hause angekommen waren. »Max' Mutter weiß nämlich nicht, wo ihr der Kopf steht«, fügte sie hinzu.
Laura sah Morton und Nani an.
Warum eigentlich nicht?
»Das wäre sogar sehr nett«, äußerte sich Nani.
»Am besten lauft ihr gleich hinüber und ladet sie ein«, bestimmte Laura.
»Sagt Max, er soll seinen Otter nicht vergessen!« brüllte Morton Caroline hinterher, die, gefolgt von Andy, schon fast zur Tür hinaus war.
»Wir könnten eine Suppe anbieten, Frikadellen und Salat«, schlug Nani vor. Aufwendigeres kam nicht in Frage, weil selbstverständlich auch Laura, Nani und Morton den Vortrag von Max' Onkel hören wollten.
»Und zum Nachtisch Erdbeerschnee«, bestellte Morton. Seine Mutter hatte sich diesen Nachtisch ausgedacht, und von Mal zu Mal verfeinerte sie ihn.

Morton liebte Nachtisch. Besonders wenn er sahnig-fruchtig war. Er erklärte sich bereit, auch wirklich nach der letzten Erdbeere zu fahnden, denn viele gab es nun nicht mehr. Die Zeit war eigentlich vorbei.
Kaum war das Geschirr vom Mittagessen abgewaschen, erschienen Andy und Caroline atemlos.
»Sie kommen!« rief Caroline. »Aber nur, wenn Mrs. Nelles Kartoffelsalat bringen darf. Den hat sie nämlich schon fast fertig.«
»Ausgezeichnet!« sagte Nani. Und sie wiederholte es noch einmal, als Andy ausgerichtet hatte, daß Max' Familie gleich nach dem Vortrag mit den Sandifers nach Hause kommen würde.
Die Vorbereitungen begannen. Morton verschwand in den Garten, um die versprochenen Erdbeeren zu beschaffen.
Außerdem waren noch einige wenige Pinselstriche am Außenanstrich von Strawberry House erforderlich.
Laura fuhr mit Andy nach Little Appington, um einzukaufen, und Nani traf mit Caroline die ersten Vorbereitungen im Haus.
Max war aufgeregt. Er war so unruhig, daß er beschloß, zu Mrs. Brannigan zu fahren. Vigo kam natürlich mit. Radeln beruhigte Max.
Man konnte dabei denken und kam gleichzeitig vorwärts, nicht nur, was die Entfernung anging.
Max' Gespräch mit Mrs. Brannigan war kurz. Aber es erfüllte seinen Zweck. Er war jetzt viel ruhiger. Allerdings hatte Mrs. Brannigan eine kleine Überraschung angedeutet. Was konnte das nun wieder sein?
Am Nachmittag erschien endlich der Onkel. Als allererstes mußte er sich Ruths Plakat anschauen. Er war sehr beeindruckt.
Nicht viel später brachen alle auf.
»Bist du aufgeregt?« fragte Max. Er fuhr als einziger mit seinem Onkel David und hatte Vigo auf dem Rücksitz

neben sich. Denn der war natürlich mit von der Partie. Der Onkel lächelte. »Ein bißchen schon.«
Sowie sie angekommen waren, wurde das Plakat befestigt, so, daß es alle sehen konnten. Es sah prachtvoll aus. Ruth staunte.
Diaprojektor und Leinwand wurden aufgebaut.
Max sollte die Diamagazine wechseln. Alles war genau besprochen worden.
Mrs. Brannigan erschien. Sie legte ihre Unterlagen auf einen Stuhl in der ersten Reihe und begrüßte alle. Da waren auch die Sandifers. Man stellte einander vor. Und dann ging es Schlag auf Schlag.
Im Nu war der Festsaal des Gemeindehauses voll. Ja, man brauchte sogar noch ein paar Sitzgelegenheiten extra. Max sah sich um. Die Sandifers saßen in der zweiten Reihe, Andy und Caroline außen.
Dafür gab es einen Grund.
Mr. Tent hatte hinten Platz genommen. Dort, dicht bei der Tür, saß Mr. Wilcox, und überall verstreut waren Fischer und andere Leute, die Max kannte. Aber es waren auch eine Menge da, die er noch nie gesehen hatte. Max dachte an Vigo, der bis zu seinem großen Auftritt im Auto warten mußte. Er rannte noch einmal hinaus, um nach seinem Freund zu sehen. Alles in Ordnung! Gerade zur rechten Zeit kam er zurück.
»Meine Damen und Herren! Liebe Freunde!« begann eben der Onkel.
Schnell huschte Max auf seinen Platz. Zum Glück waren die Dias erst etwas später dran.
»Ich freue mich, daß Sie so überraschend zahlreich hier erschienen sind. Es zeigt mir Ihr Interesse für Fragen, was die Erhaltung unserer Umwelt betrifft, deren Antworten so bedeutungsvoll geworden sind. Ich sehe meine Aufgabe heute abend darin, Sie so eingehend zu informieren, daß Sie sich die Antworten auf diese Fragen selber geben können.

Aufhänger ist das Flußbegradigungsprojekt, und damit wollen wir auch gleich beginnen.«
Der Onkel beschrieb ausführlich, wozu der Fluß begradigt werden sollte, aber auch die Folgen, die damit verbunden waren.
Die Zuhörer lauschten aufmerksam. Hin und wieder wurden Zwischenrufe laut. Wie er es sich denn vorstelle, daß man das Sägewerk vergrößere, ohne den Fluß gleichzeitig zu begradigen.
Der Onkel wies darauf hin, daß schließlich nicht er das Sägewerk vergrößern wolle. Und er erläuterte allen, die es noch nicht wußten, daß das Sägewerk nicht etwa deshalb vergrößert werden sollte, weil plötzlich in der Umgebung mehr Holz zu fällen wäre, sondern das Holz würde zukünftig von weither gebracht. »Und so, wie man bisher die Stämme bringt, kann man auch die Bretter weitertransportieren«, schloß er die Beantwortung des Zwischenrufes ab.
»Das wird doch viel zu teuer!« rief jemand.
»Ich bin nicht hier, um Ihnen zu verraten, wie die höchsten Profite erzielt werden können«, war die Antwort, »sondern um Sie darüber aufzuklären, was passiert, wenn Sie um jeden Preis darauf bestehen, die höchsten Profite zu erzielen.«
»Bravo!« ertönte es mehrstimmig.
Der Onkel fuhr in seinem Vortrag fort. Er erzählte von Flußnebenarmen, die trockengelegt, und Flüssen, die begradigt worden waren, von Tierarten, deren Aussterben unmittelbar bevorstand, und von solchen, die in den letzten Jahrzehnten ausgestorben waren. Erschreckend viele waren es.
Auch machte er einen Abstecher in südlichere Gefilde und berichtete von den Malediven, einer Inselgruppe, deren Süßwasservorräte gefährdet waren, weil man für Touristen, die Devisen brachten, alles planierte, asphaltierte, betonierte, damit sie Auto fahren konnten und

auf gewohnten Luxus nicht verzichten mußten. Regenwasser aber konnte durch die Asphaltdecken nicht versickern, und Trinkwasser wurde damit immer knapper. Und weil der Boden trockener wurde, drang vom Meer her Salzwasser ein und machte die wenigen Süßwasserreserven brackiger.

»Es ist abzusehen«, schloß der Onkel seinen Abstecher, »wann auf diesen Inseln kein trinkbares Süßwasser mehr vorhanden sein wird, wenn alles so bleibt wie bisher. Die Touristen werden nicht mehr kommen, und die Insulaner, vom Tourismus abhängig geworden, können sehen, wo sie bleiben – auf einer Insel, die entzaubert ist, verbraucht wie ein Gegenstand, den man sich aber nicht wieder neu kaufen kann.«

Unter den Zuhörern breitete sich Unbehagen aus. Was sie wohl dachten? Max hätte es allzugern gewußt. Sie konnten doch nicht wollen, daß die Gegend um Little Appington und Appington Cove entzaubert wurde!

Der Onkel hielt den Zeitpunkt für gekommen, ein paar Dias vorzuführen. Er gab Max ein Zeichen.

Der stellte den Projektor ein und schob den ersten Kasten auf die Schiene.

»Sie werden jetzt Bilder von unberührten Flußlandschaften sehen und solchen, die aus Gründen der Rentabilität verändert wurden«, leitete der Onkel ein.

Rentabilität, ein schwieriges Wort. Weil es mehr Geld bringt, übersetzte Max für sich und steuerte mit einem Klick das erste Dia in den Apparat.

Es zeigte einen Fluß vor der Begradigung, den Max nicht kannte. Das nächste Bild war während der Bauarbeiten aufgenommen worden, ein weiteres danach. Max mochte gar nicht hinschauen.

Auf einem anderen Dia war ein Reh zu sehen, das in einem Fluß gefangen war, weil die Spundwände, die die Ufer halten sollten, so glatt und gerade waren, daß es nicht mehr hinauskonnte. Und wenn ein Reh sich dort

nicht helfen konnte, wie sollten es erst kleinere Tiere schaffen?
Erfreulichere Bilder von seltenen Pflanzen, Wasservögeln, Mäusen, Kröten, Ottern folgten. Nicht umsonst war der Onkel Otterspezialist. Bestimmt hatte er Hunderte von Stunden damit zugebracht, sie aufzunehmen. Max schaute wie gebannt. Solche Bilder hatte er noch nie gesehen. Viel zu schnell ging für ihn die Zeit herum. Da war schon das Ende der Bilderserie. Ein Zeichen des Onkels – jetzt sollte Max Vigo holen.
Der freute sich. Endlich geschah etwas. Max ließ ihn an der Leine in den Büschen schnuppern.
Dann ging er hinein.
»Es wird etwas warm sein«, flüsterte er Vigo zu. »Aber du brauchst es nicht lange auszuhalten. Sie wollen dich nur einmal sehen.«
Vigo flitzte an Max' Seite durch die Tür. Ihm war unheimlich. So viele Beine und Füße, wie im Gemeindesaal versammelt waren, hatte er noch nie gesehen. Ein paar Leute klatschten. Es kam ihm nicht geheuer vor.
Max brachte Vigo nach vorn und hob ihn auf den Rednertisch. Er sah prachtvoll und gesund aus.
»Dies ist der letzte männliche Fischotter, der hier noch lebt«, fuhr der Onkel fort. »Zunächst glaubten wir, er wäre der letzte Otter überhaupt. Überraschenderweise ist jedoch ein Weibchen aufgetaucht, und mit ein bißchen Glück und Ihrer Unterstützung werden die beiden dafür sorgen, daß sie nicht die letzten Otter bleiben.«
Vigo wurde unruhig. Ihm war heiß. Und es roch hier viel zu konzentriert nach Menschen. Max streichelte ihn. »Halt noch etwas aus!« flüsterte er eindringlich. Vigo aber wollte keine Sekunde länger bleiben. Mit einem Satz sprang er vom Tisch. Geschickt fing Max ihn auf und trug ihn weg.
»Ein bißchen mehr hättest du dich schon anstrengen können«, tadelte er ihn. »Schließlich geht es um dich.«

Vigo hörte nicht hin. Er wollte spielen. Max aber hatte jetzt wirklich keine Zeit.
»Du mußt dich noch gedulden. Bis gleich! Und sei schön brav.« Die Tür des Autos fiel ins Schloß.
Max flitzte zurück in den Gemeindesaal. Inzwischen hatte Mrs. Brannigan das Wort ergriffen. Die Überraschung des Abends! schoß es Max durch den Kopf. Sein Onkel hatte gerade vorher von der Verpachtung der beiden Inselchen gesprochen, die der Küste vorgelagert waren. Den Namen des Pächters hatte er bisher nicht herausbekommen können, was ihn sehr beunruhigte.
Seiner Meinung nach waren die Inseln ein ideales Gebiet für Otter, und er hätte es sehr gern gesehen, wenn wenigstens sie so erhalten blieben, wie sie waren.
Nun, Mrs. Brannigan war die geheimnisvolle Pächterin! Sie hatte sich um die Inselchen bemüht, um sie für die Otter zu erhalten. Damit aber nicht genug. Sie sicherte Max' Onkel und allen Anwesenden zu, daß auf ihrem Grund und Boden der Fluß und seine Ufer so naturbelassen blieben, wie es eben ging. Und wenn es etwas gab, was zum Schutz der Tier- und Pflanzenwelt verbessert werden könnte, so würde sie dies tun.
Spontan applaudierten die Zuhörer Mrs. Brannigan. Das war etwas! Hier zeigte jemand, wieviel ihm die Natur bedeutete. Bestimmt machte es manch einen sehr nachdenklich.
Der Vortrag war vorbei. Max' Onkel dankte Mrs. Brannigan. Sicher würden ihre Taten wie auch ihre Worte nicht ohne Wirkung bleiben. Er bedankte sich bei allen Zuhörern fürs Kommen und wies noch auf die Unterschriftensammlung hin.
Das war das Stichwort für Max, Andy und Caroline. Sie hatten sich die ganze Zeit bereitgehalten.
Schnell sprangen sie auf und hielten den Leuten, die hinausgingen, ihre Liste hin. Nur einige gingen vorbei, ohne ihre Unterschrift zu geben.

Sie gehörten wohl zu der Gruppe, die sich um die Sägewerksvergrößerung bemühte.
Alle, aber auch alle anderen gaben ihre Unterschrift dafür, daß der Fluß so erhalten blieb, wie er jetzt war. Ein sehr befriedigendes Ergebnis.
»Toll hast du das gemacht!« sagte Max zu seinem Onkel, als außer seiner Familie und den Sandifers niemand mehr im Saal war. »Jetzt retten wir den Fluß bestimmt!« Alle hofften es.
Bald waren die Stühle wieder zurechtgestellt und die Sachen eingepackt.
»Und jetzt zum ruhigen Teil des Abends!« sagte Morton. Die Sandifers fuhren vor, die Nelles samt Onkel folgten. Auf dem Rücksitz neben Ruth fuhr eine große Schüssel Kartoffelsalat mit. Max und Vigo hatten sich wieder im Wagen des Onkels einquartiert.
Drei Autos bogen in die Einfahrt ein. Nach einem kurzen Regenschauer kam eben die Sonne wieder durch und zauberte ein bißchen. Wie eine Praline, wie ein Törtchen auf grünem Untergrund ließ sie Strawberry House erscheinen.
Rosa mit Weiß abgesetzt, das Dach eselsgrau, und rundherum gemütlich präsentierte sich das Haus seinen Gästen. Selbst die Sandifers sahen es auf einmal mit ganz anderen Augen.
»Sie haben wirklich etwas daraus gemacht!« sagte Mrs. Nelles voller Bewunderung. Das fanden auch die anderen Mitglieder ihrer Familie. Morton hatte ein Gefühl, als ob er schwebte. Voller Enthusiasmus führte er die Gäste durch das Ferienhaus.
Fast alles war inzwischen fertig. Natürlich fehlten hier und da noch ein paar Möbel, und die Fußböden waren nicht lackiert, aber es fiel fast nicht auf. Die Atmosphäre stimmte, und darauf kam es an.
Als Nanis Suppe heiß war, setzte man sich an den Eßtisch, den Morton auf die Veranda getragen hatte.

»Wenn sie nur nicht einbricht!« hatte er sich am Nachmittag besorgt geäußert. Jedoch – die Veranda hielt den Besuchern stand.
Während die Menschen aßen, ging Vigo auf Entdekkungsreise. Max hatte ihm zwar extra einen Abendbrot-Fisch mitgebracht, aber der war längst verputzt.
Er fand eine Erdbeere und fraß sie kurzerhand. Die Schnecke, die vor ihm die Erdbeere gefunden hatte, fraß er gleich mit. Gut, daß Caroline es nicht gesehen hatte.
Am Tisch wurden Kartoffelsalat und Frikadellen aufgetragen.
»Eigentlich ist jetzt alles so perfekt, daß Sie hier immer wohnen könnten«, meinte Mr. Nelles.
Laura lächelte. Gedacht hatte sie das auch schon hin und wieder. Trotz Renovierungsarbeiten, die nicht enden wollten, einer vorsintflutlichen Wasserpumpe und trotz ihres schrecklichen Badeabenteuers. Aber es ging nicht. Morton arbeitete in London, und die Kinder gingen dort zur Schule.
»Ich würde gern hierbleiben«, äußerte sich Caroline leidenschaftlich.
»Ich auch!« bekräftigte ihr Bruder. »Obwohl . . .« Andy war sich nicht ganz sicher. Er mochte London sehr. Es war schön, dort zu leben und in den Ferien in Little Appington zu wohnen. Sie kamen doch in den nächsten Ferien wieder hierher? Eindringlich sahen Andy und Caroline Morton an.
»Aber ja!« Für ihn kam überhaupt nichts anderes in Frage. Laura dachte ebenso. Morton wechselte das Thema. Wer dachte schon gern an Abschied!
Man redete über das Flußbegradigungsprojekt und über die Chancen, daß es nicht verwirklicht würde.
Max' Onkel war zuversichtlich.
»Mit Hartnäckigkeit und etwas Glück . . .« Ja, beides brauchten sie. Mrs. Brannigan und Mr. Tent wollten sich darum kümmern, daß noch mehr Unterschriften

zusammenkamen. Max würde ihnen dabei zur Seite stehen. Und wenn das geschehen war, oblag es dem Onkel, die Formalitäten zu erledigen. Mit Eingaben, Anträgen und solchen Dingen kannte er sich aus. Nicht umsonst arbeitete er in einem Ministerium.
Nani servierte ihren Erdbeerschnee.
»Mmm, das schmeckt lecker!« schwärmte Max. Sofort kam Vigo angerannt. Gab es hier etwas Interessantes? Wenn ja, wollte er auf jeden Fall dabeisein.
Laura lächelte. »Was können wir denn für unseren pelzigen Gast tun?« Die Frage hatte Max gegolten, aber Caroline antwortete.
»Bananen mag er!« Schon rannte sie in die Küche. Mit einem dicken Stück Banane kam sie wieder.
Vigo ließ sich im Gras vor der Veranda nieder und manschte verspielt damit herum. Genaugenommen war er herrlich satt.
Es wurde noch viel beredet, erzählt und spekuliert an diesem Abend. Ruth steckte längst in Carolines Bett. Sie war noch zu klein, um lange aufzubleiben. Auch Vigo hatte sich inzwischen eingerollt – unter Max' Stuhl auf der Veranda, nachdem er sämtliche Nachtischlöffel stibitzt und um sich ausgebreitet hatte.

Die letzte Ferienwoche schien rasend schnell vorüberzugehen. Warum war das bloß immer so? Andy und Caroline versuchten, noch möglichst viel von dem zu machen, was ihnen in der letzten Zeit so gut gefallen hatte. Am häufigsten waren sie mit Max am Strand und beobachteten Vigo, wie er schwamm und tauchte.
Max hatte seinem Onkel anvertraut, daß er Vigo eines Nachts nachgeschlichen war. Er verriet ihn nicht. Das wußte Max.
Die Informationen, die beide gesammelt hatten, waren wichtig. Jetzt wußten sie beinahe mit Sicherheit, daß das Otterweibchen von einer der beiden Inseln kam.

Die beiden Inseln – sie sahen wirklich aus wie die Rükken zweier Dinosaurier. Gern wären Andy und Caroline einmal hingefahren. Aber nach dort fuhren keine Boote. Man mußte einen Fischer bitten, ob er einen mitnahm, wenn das Wetter es erlaubte. Vielleicht in den nächsten Ferien!
»Hast du meinen Federballschläger irgendwo gesehen?«
Caroline schüttelte den Kopf. Sie hatte Andys Schläger nicht gesehen. Kunststück! Während der ganzen Ferien hatten sie nicht ein einziges Mal Federball gespielt. Es hatte Interessanteres gegeben.
»Dann bleibt er eben hier!« Energisch schleppte Andy seine Reisetasche bis zur Treppe. »Schließlich kommen wir ja wieder.«
Ja, sie würden wiederkommen. Jetzt aber hieß es Abschied nehmen. Caroline war entsetzlich traurig. Sie konnte überhaupt nichts tun.
Morton dagegen schuftete. Er packte, schob und räumte ein und wieder aus, bis endlich alle Gepäckstücke im Wagen Platz gefunden hatten. Nanis Gepäck war schon vorausgereist. Sie selbst wollte nicht per Zug, sondern im Auto mit nach London fahren.
»Laura, denkst du an die Thermosflasche?«
»Hier ist sie, Morton!« Laura hatte sie in der Hand.
Andy kam mit einer kleinen Tasche aus dem Haus.
»Die hatte ich vergessen!« sagte er zu Morton. Plötzlich standen Max und Vigo in der Einfahrt. Zwar hatten die Sandifers sich schon von seiner Familie verabschiedet, Max aber war nicht auffindbar gewesen. Jetzt war er da.
»Caroline!« Andy war aufgeregt ins Haus zurückgerannt. »Max ist da!«
Caroline sprang von ihrem Bett auf. Endlich! Sie hatte überlegt und überlegt, warum er nicht kam. Er konnte doch ihre Abreise nicht vergessen haben.
Nein, natürlich nicht! Aber auch er hatte überlegt und überlegt, was er Caroline zum Abschied schenken könn-

te. Da war ihm eingefallen, ein winziges Vogelhaus zu bauen. Sie mochte seine Vogelhäuser doch so sehr. Er hatte es gerade noch geschafft.
»Ist das für mich?« Caroline konnte es beinahe nicht fassen. »Danke!« Am liebsten hätte sie Max einen Kuß gegeben. Aber das traute sie sich nicht.
»Du kannst es ja draußen vor dein Fenster stellen«, schlug Max vor. »Ein Vogel paßt rein.«
Caroline nickte. Plötzlich war sie wieder traurig.
»Du schreibst mir doch?« fragte sie bedrückt.
Max versprach es. »Jede Woche, wenn du willst.«
»Ich schreib' dir auch.« Sie streichelte noch einmal Vigo, sozusagen ersatzweise. Dann stieg sie ins Auto ein. Laura hatte schon zum zweitenmal gerufen. Sie und alle anderen waren reisefertig.
»Schreib mir, wie es mit der Unterschriftensammlung ging – und was mit dem Fluß passiert – und wenn Vigos Weibchen Junge hat.«
»Ich schreib' dir alles«, versicherte Max Caroline noch einmal.
»Alles!« wiederholte er, als das Auto der Sandifers schon nicht mehr zu sehen war.
»Twotwotwot!« machte Vigo ungeduldig.
Max nahm ihn an die Leine. »Komm«, sagte er, »wir fahren an den Strand!«